# 数据分析的基石

## ——统　计

赵　慧　编著

贵州出版集团

贵州人民出版社

# 出版说明

　　兴趣是最好的老师,知识的学习更是如此。如果学习者缺乏兴趣,阅读就将是一个枯燥无味的过程,轻松快乐的学习也就无从谈起。基于这样的事实,本着"兴趣阅读、快乐学习"的理念,我们经过深入调研,与国内的众多专家学者及一线教师全力合作,为所有希望将学习变得轻松愉快的朋友奉献上"快乐阅读"书系。

　　"快乐阅读"书系,以知识的轻松学习为核心,强调阅读的趣味性。它力求将各种枯燥无味的知识以轻松快乐的方式呈现,让读者朋友便于理解接受。它的各种努力,只有一个目标,即力图将知识学习过程轻松化、趣味化。读者朋友在阅读过程中,既能保持心情愉快,又能学有所得。在轻松愉快的氛围中学习,让知识学习成为读者朋友的兴趣,本身就是提高学习效率最有效的途径。

　　"快乐阅读"书系首批图书分为"语文知识"、"作文知识"、"数学知识"、"文学导步"、"文学欣赏"、"语言文化"、"个人修养"七大板块,各个板块之下又有细分。英语、生物、化学等相关的知识板块将会在以后陆续推出。针对不同学科知识的特点,本书系以不同的方式来达到轻松快乐的目的。要么是以故事的形式,在故事的展开之中融入相关知识;要么是理清该知识点的背景,追根溯源,让读者朋友知其然,更知其所以然,让理解更为轻松。总而言之,就是以最恰当的方式呈现相关的知识。

　　希望这套"快乐阅读"书系能陪伴每一位读者朋友度过美好的阅读时光。

编　者

2020 年 10 月

亲爱的读者朋友，你有没有发现：我们生活的世界中到处都能发现数据的身影。例如，班里每一位同学的身高、体重，每一次考试的成绩，就是一串串数据。又如，产品的合格率、商品的销售量、电视台的收视率等等都要用数据表示。那么，生活中的这些数据背后有没有隐藏着什么秘密呢？

细心的读者朋友，你有没有留意：老师总喜欢计算每一次考试的平均成绩？电视媒体上总说某一年度城市居民的平均收入、平均消费？这个"平均"又有怎样的含义呢？

睿智的读者朋友，你有没有注意：在班级里，大多数同学的身高、体重都相差无几，只有少数同学的身高、体重格外突出。这又说明什么呢？

聪明的读者朋友，你有没有想过：面对如此庞大、让人眼花缭乱的数据世界，有没有简单明了、好学好用的方法来处理这些数据，揭开它们隐藏的秘密，从中提炼出有用的信息呢？

我们知道，要分析、处理、揭示数据的规律，就要从数据的收集、整理做起。那么，你是否知道如何科学地收集数据呢？或许有人会说：这些数据是可以通过调查获得的，那么，又该怎样调查呢?

　　难道为了调查饮料的容量是否达标,就要把所有的饮料都打开吗?要检验节能灯的使用寿命,就要把所有产品逐一尝试吗?……现实生活中,谁也不会这么做!我们往往会选择整体中的一部分作为调查对象,可这些部分的信息就能够代表整体吗?……

　　为了解答这些问题,就让我们跟随本书的两个小导游,聪明的小蓬蓬和可爱的小依依,通过收集到的瓶装饮料容量的数据,在一问一答中,走进统计的世界,将这些问题一一揭晓吧。

# 目　录

数
据
分
析
的
基
石
——
统
计

# 第一章

## 发现数据价值的工具
## ——统计

　　大家好,我们是数据世界的小精灵——小蓬蓬和小依依。在这个科技发达的世界里,随时有各种各样的数据在不断穿梭,有些数据很直观,而有些却不那么明显。大千世界丰富多样的色彩、悦耳动听的声音、绚烂多姿的语言等等,所有这些文字、图像和声音其实都是蒙着面纱的数据,因为它们都可以被人们转化,并借助适当的工具作为数据传播、处理和存储。所以说,我们生活在一个数字化的时代,时刻都在与数据打交道。如果你细心一点,就可以听到这些数据在耳边吟唱。接下来,请你和我们一起仔细聆听这些数据演奏的美妙乐曲吧!

我是小蓬蓬　　　　　　　　我是小依依

　　当然,在这趟数据海洋的旅程中,大家可要注意了,小依依可是喜欢不断地提出各种各样的问题,挑战大家的啊!

大家好，我是小依依，很可爱吧。小心啊，我可是爱发问的小精灵。

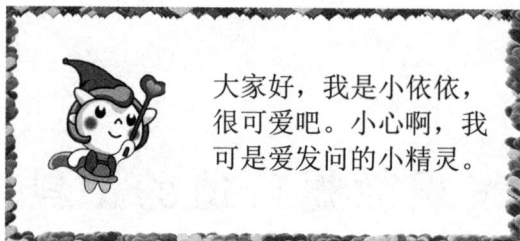

你的生活中是否也出现过这样的场景呢？

早晨 6 点 30 分起床，洗漱完毕后 7 点出门上学。路上买了份 3.5 元的 200ml 盒装牛奶和一块 2 元的面包做早餐，乘坐公交车还花了 1 元钱。7 点 40 分到学校开始一天的学习。数学老师教会大家如何计算期中考试各科平均分，音乐老师教会大家识别《小星星》的五线谱，信息老师教会大家设计图片的大小和位置。放学回家后，再兴高采烈地在每个小格子里涂上数字对应的油彩，完成数字油画——毕加索的向日葵。然后开心的玩上 30 分钟的小游戏——愤怒的小鸟，看看自己的积分，乐此不疲。妈妈在厨房里烹饪从市场里买来的 18 元一斤的鲈鱼、2 元一斤的白菜、4.5 元一斤的辣椒，心里还计算着明天的生活费该如何支出。而爸爸则看着股市信息，分析着股票从 17.8 元跌到 17.3 元的对策，一筹莫展。爷爷奶奶看着天气预报，说明天的温度在 13 摄氏度至 24 摄氏度之间，嘱咐着明天该穿什么，是否要带雨具。

这就是我们平凡普通的一天，而每一天我们都会得到许多数据。

钟表上的数字

## 小星星

1=C 1 1 5 5 6 6 5 — 4 4 3 3 2 2 1 —
一闪 一闪 亮晶 晶， 满天 都是 小星 星，

5 5 4 4 3 3 2 — 5 5 4 4 3 3 2 —
挂在 天上 放光 明， 它是 我们 的 小 眼睛。

1 1 5 5 6 6 5 — 4 4 3 3 2 2 1 —
一闪 一闪 亮晶 晶， 满天 都是 小星 星。

*五线谱上的数字*

*游戏积分*

| | | | |
|---|---|---|---|
| ● 招商银行 600036 | **12.75** | +0.07 | (0.55%) |
| ● 中国石油 601857 | **11.41** | -0.12 | (-1.04%) |
| ★ 万科A 000002 | **8.13** | -0.04 | (-0.49%) |
| ● 中国联通 600050 | **5.82** | -0.01 | (-0.17%) |
| ● 中国平安 601318 | **49.22** | +0.35 | (0.72%) |
| ● 中国银行 601988 | **3.24** | +0.01 | (0.31%) |

*股票各项数据*

上海天气预报

**4月10日**
多云转阵雨
13℃ /18℃
北风4-5级

**4月11日**
阵雨
12℃ /21℃
东风4-5级

**4月12日**
小雨转多云
10℃ /18℃
东北风3-4级转东风3-4级

*天气预报里的数字*

上面图中框出来的可都是最直观的数据。再如，产品的合格率、农作物的产量、商品的销售量、电视台的收视率等也都是我们在生活里触手可及的各种各样的直观数据。

有一些问题的答案是明明白白的数据。当有人问起你的年龄时，你会回答 15 岁；当有人问起你的体重时，你会回答 49 公斤；当有人问起你的考试成绩时，你会回答 85 分。这些可测量的数据被称为数值数据。

不过还有很多的数据并不直观，它们属于不同类型的数据。你有没有

数据分析的基石——统计

留意过有些问题的答案并不是数字类型的？比如一个问卷调查的问题："你平时是否关注健康、养生的话题？"答案只有三个选择：不太关注、一般、非常关注。又或者某老师询问你对数学的学习感觉，可能的回答有非常喜欢、有点喜欢、不喜欢，又或者是非常不喜欢。这种问题收集到的数据称为分类数据，因为它们都是不可测量的数据。

下面哪些是分类数据，哪些是数值数据呢？

试一试

你可以的！

气温　　出身地　　身高

天气　　血型　　短跑成绩

很简单吧，像出生地、天气、血型都是不可测量的，属于分类数据。而气温、身高、短跑成绩则是数值数据。

数据通常是由数字组成的，但它不仅仅是单纯的数字。因为任何一个数字都是有一定的背景和含义的。

蓬蓬哥，数字65到底是什么意思呢？

小依依，让我想一想，想一想啊！

小依依问题中的数字"65"就其本身是没有什么含义的。但是如果我们得知一本书的价格是 65 元时,可能会觉得这本书稍微有点贵。如果某位同学在一次数学考试中只考了 65 分,他可就要继续努力了。又或许某位姐姐的体重是 65 公斤,她很可能会为了苗条身材而苦恼。所以,我们需要配合上下文以及生活常识才能对所给的数字做出合理的判断。

然而,数据也会有差异。大家都知道人的体温一般都在 37 摄氏度,可如果你测量到的体温高于 37 摄氏度,是不是就代表你在发烧呢?也许不是。因为每个人的"正常"体温会有一些差异。甚至就连你自己的体温也会有变化,一般早上会稍高一些,到了晚上则会稍低一些。由于数据总是有差异,甚至对同一个对象测量多次,得到的结果也有可能不一样。这些出现差异的数据也许会告诉我们一些隐藏着的秘密呢。

大家都知道:吸烟有害健康。可能有人会这样辩解:每年都会有一些从不吸烟的人因为患肺癌而病逝,可有些吸烟很多的人却活到八九十岁,最后是因为其他原因才离世的。吸烟真的对患肺癌有影响吗?某肿瘤研究所"随机"地调查了 9965 人,得到这样一些数据。

| | 不患肺癌 | 患肺癌 | 总计 |
|---|---|---|---|
| 不吸烟 | 7775 | 42 | 7817 |
| 吸烟 | 2099 | 49 | 2148 |
| 总计 | 9874 | 91 | 9965 |

通过这张数据表格,可以粗略地估计出:在不吸烟的调查对象中,有 0.54% 的人患肺癌;在吸烟的调查对象中,有 2.28% 的人患肺癌。直观上可以得到的结论是:吸烟和不吸烟的人患肺癌的可能性是有差异的,吸烟更容易引发肺癌。聪明的统计学家会这样撰写总结报告:不吸烟可以将肺癌的死亡率减少 17%~34%,我们有 95% 的信心确保真正的比例会落在这个范围内。细心的你有没有注意过诸如"95% 的信心"以及"有统计上的显

著意义"等常用字眼呢?

喜欢打网络游戏的学生一定就比不打网络游戏的学生表现得差吗?最好不要太快下结论。如果喜欢打网络游戏的某位同学学习基础好,学习方法好,专注听讲,认真完成作业。而有位不喜欢打网络游戏的同学听课却从不认真,而且学习效率低。那么很明显,前者应该表现得比后者要好吧。这说明有很多因素是有关联的。这些信息中的关联,如学生的学习基础、学习能力与考试成绩的关系是强还是弱,又该如何表达呢?

其实,数据收集是任何一门科学的基础,但是只有数据是不够的。任何仔细收集起来的信息,在发现它的价值之前,都会对这些数据提出一系列的问题。比如:

☆ 数据中的最大值是多少? 数据中的最小值是多少?

☆ 所有数据的平均值是多少,又意味着什么?

☆ 这些数据是如何围绕平均值分布的?

☆ 各种不同类的数据之间又有怎样的关系?

所有的这些问题都很重要,因为每个问题都可以帮助研究者更多地了解数据代表了什么。倘若人们要揭开数据背后的秘密,就需要数据分析的帮手——统计的鼎力帮助。统计学通过图表和计算工具的运用,从数据中找信息、找线索,从而发现这些数据所表示的意义,并且做出结论,进而为人们下一步的工作给出参考意见和建议。

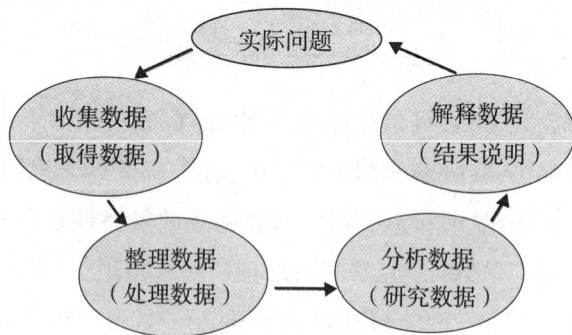

统计研究的过程

在统计学研究的过程中,需要用到很多数学知识。但统计学和数学的差别在于:统计学不是一门纯粹演绎的学科,它既是艺术,也是科学,既涉及个人判断,也涉及仔细的逻辑推导。

在日常生活中,人们对"统计"术语常常有不同的用法。例如,企业将每年"统计"的销量和利润,作为常规工作来看待;股民将"统计"的成交额和股票指数,作为买卖股票的指导信息来应用。那么究竟该如何理解"统计"呢?所谓统计,就是人们认识客观世界总体数量变动关系和变动规律的活动的总称,是人们认识客观世界的一种有力工具。

从一般意义而言,统计学是描述一系列可用于描述、整理和解释资料或数据的统计工具和技术。也有人将统计分为两类:一是描述统计,二是推论统计。"描述统计"是指对采集的数据进行登记、审核、整理、归类,并在此基础上进一步计算出各种能反映研究对象的综合指标,以图表的形式表示经过归纳分析而得到的各种有用的统计信息。描述统计常用于整理、描述所收集数据的特征。而"推断统计"是指在采集的数据进行描述的基础上,利用一定的方法(如参数估计与假设检验方法)去估计或检验研究对象的数量特征。推断统计通常利用较小群体的数据来推论较大群体的特征,是数据收集和汇总后的下一步。

假如表1-1是班级某次数学期中考试成绩,而班里只有15位同学,从这些成绩里你能看出些什么信息呢?

**表1-1　数学期中考试成绩**

| 学号 | 1 | 2 | 3 | 4 | 5 | 6 | 7 | 8 | 9 | 10 | 11 | 12 | 13 | 14 | 15 |
|---|---|---|---|---|---|---|---|---|---|---|---|---|---|---|---|
| 成绩 | 72 | 85 | 55 | 49 | 66 | 84 | 82 | 78 | 95 | 91 | 83 | 80 | 37 | 100 | 83 |

还好只有15个成绩数据,还是比较容易的找出:班级的最高成绩为100,最低成绩为37。然后,老师会说这次考试平均分为76.33。15位同学中仅有5位同学的数学成绩低于平均分,多数成绩还是与平均分比较接近的。通过这些简单的分析还是可以描述出这些数据的特征的,这就是一个

简单描述统计的过程。

可再假设一下，这 15 位同学的数学期中成绩仅仅是全年级 300 位学生中的一个很小的部分，那么如何通过少量的数据去估计全部学生的数学考试成绩呢？考试成绩不理想是不是与数学练习不足有关呢？这就是收集描述数据之后的下一步工作——推断统计了。

又如，民意测验中某一位候选人是否能够当选？全国婴儿的性别比例如何？某种电子产品的使用寿命有多长？等等，都是需要用到推断统计的方法来解决的。

描述统计学和推断统计学的划分，一方面反映了统计方法发展的前后两个阶段，同时也反映了应用统计方法探索客观事物数量规律性的不同过程。显然，描述统计和推断统计是统计方法的两个组成部分。描述统计是整个统计学的基础，推断统计则是现代统计学的主要内容。由于在对现实问题的研究中，所获得的数据主要是样本数据，因此，推断统计在现代统计学中的地位和作用越来越重要，已成为统计学的核心内容。当然，这并不等于说描述统计不重要，如果没有描述统计收集可靠的统计数据并提供有效的样本信息，即使再科学的统计推断方法也难以得出切合实际的结论。从描述统计学发展到推断统计学，既反映了统计学发展的巨大成就，也是统计学发展成熟的重要标志。

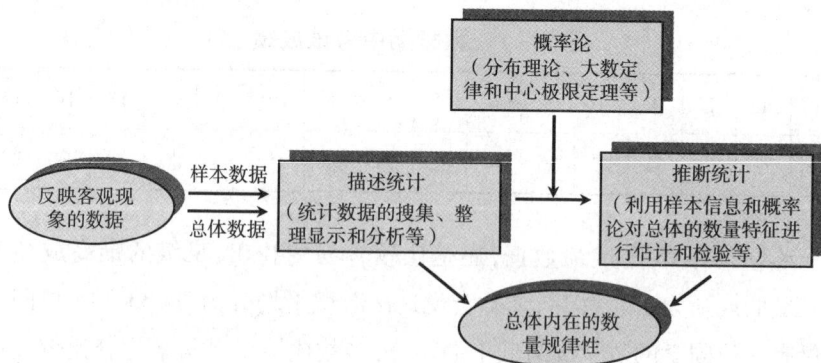

描述统计与推断统计的关系

换句话说,统计学是帮助我们认识理解周围世界的工具。这是通过我们收集到的数据来实现的,而且接着还可以让我们做出特定的推断,也就是怎样将那些数据的特征应用到新的情况当中。描述统计和推论统计可以一起发挥作用,使用哪一种、何时使用取决于你想要回答的问题。

随着社会、经济和科学技术的发展,统计的范畴已覆盖了社会生活的一切领域,并发展成为有着许多分支学科的科学。如生物统计、工程统计、心理统计、教育统计等等。运用统计学的知识和方法,可以计算保险政策下的保费,可以用来阐述经济政策,可以为交易股票和债券方面作决定,甚至还可以用来识别罪犯。很难想像一个科学机构、媒体、大公司或政府部门,不收集、分析和使用统计学的。它是一门必不可少的科学,是畅游在数据海洋里的精灵。甚至有统计学家这样说到:"统计方法的应用是这样普遍,在我们的生活和习惯中,统计的影响是这样巨大,以致统计的重要性无论怎样强调也不过分。"

近几十年间,随着计算机技术不断发展,使统计数据的搜集、处理、分析、存贮、传递、印制等过程日益现代化,提高了统计工作的效能,无形中也促使统计科学和统计工作发生了革命性的变化。

统计的发展及其未来,已经被赋予了划时代的意义。也难怪有人说:未来将是统计的时代。

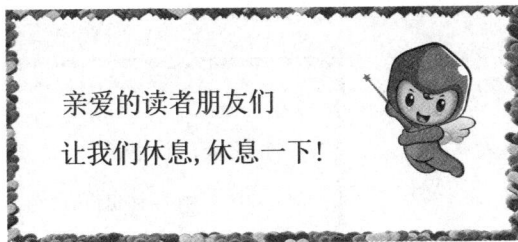

亲爱的读者朋友们
让我们休息,休息一下!

数据分析的基石——统计

# 第二章

# 统计思想的发展历程

一日,聪明的小蓬蓬准备款待朋友,还请来可爱的小依依帮忙。两个人一大早赶到超市,购买了各种各样好吃、好喝、好玩的东西。忙碌了一天后,两个人终于可以喝着可口的饮料稍事休息一下,聊聊天了。此时,刚好一栏电视节目正在介绍密码的发展历程。小依依皱了皱眉头,心想:生活是数据的海洋,统计是畅游在数据海洋里的精灵,那精灵也该有自己的成长历程吧?

蓬蓬哥,任何一门学科都有自己的成长经历,那么"统计"又是如何形成、发展的呢?

小依依,让我想

一想,想一想啊!

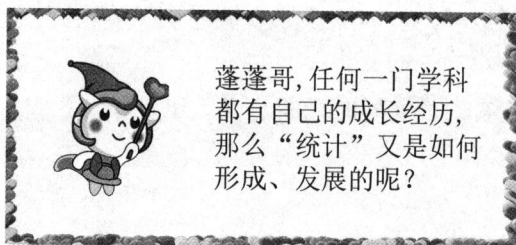

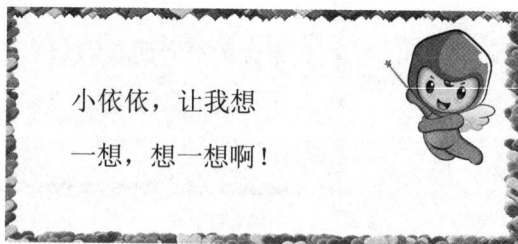

统计作为一种社会实践活动已有悠久的历史,当然有必要从历史角度

去了解这个数据的精灵。通过回顾它的每一个脚印，就会发现人类计数的方法是个非常好的创意，收集信息也必会成为有用的技能。首先，我们还是从具有五千年历史的世界文明古国——中国谈起，了解一下统计思想的源远流长吧。

众所周知，中国是世界文明古国之一，有着非常光辉灿烂的古代文化。从公元前21世纪夏王朝的建立到15世纪，中国始终都是世界政治、经济、文化最先进的国家之一。在汉、唐全盛时期，中国也曾是当时世界上最昌盛的国家。古代的统计活动和统计思想是中国古代文明的一个重要组成部分，也是中国乃至世界历史上一份珍贵的文化遗产。中国古代统计思想源远流长，有丰富的内容，也有一定的深度，其中不少已经凝聚为社会经济统计理论的精华。

一直以来，汉字中的"数"、"算"两个字，都被人们视为统计学的先导，它们是计数方法的"活化石"。

仔细观察"数"字、"算"字的古代写法会发现：左边是一条绳子打了一串大小不同的结，右边好似一只手；"算"字从"竹"到"具"，表示以小竹签（筹）为工具进行计算，后来在这一基础上发展为算盘。它证明早在我国文字出现之前，这些计数方法已经发明，而且被广泛使用了。

结绳记事

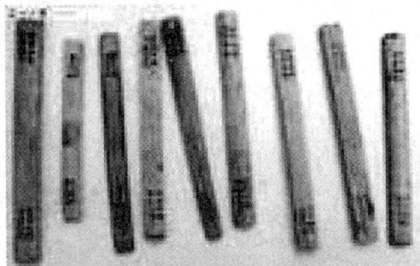

算筹

公元前2070年左右大禹王进行的"平水土、分九州、计民数"，被视为世界上最早的人口调查之一。春秋战国时期，政治上群雄争霸，学术上百家争鸣，各种统计思想大放异彩，成为中国统计思想的源头。从公元前8世纪以后，各朝代的政府建立并不断完善了定期的"上计"（向上报呈统计

数据分析的基石——统计

数字)的制度。公元2年(西汉平帝元始二年)的全国人口调查,所采用的方法以及取得的成果在当时世界各国中遥遥领先。而明朝洪武年间调查人口的"户帖"(按户人口登记表)和"黄册"(人口统计汇编),被西方统计学家视为"最早试行全面人口普查的历史证明"。

户帖

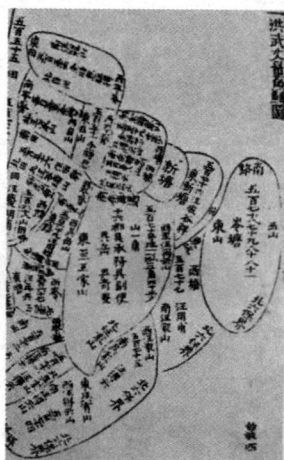

赋役黄册签名

在古代的奴隶社会和封建社会,由于生产水平的限制,社会分工不发达,统计活动还没有成为独立的活动。它一般是作为行政管理、军事行动以及某些社会经济管理的附属性活动而存在和发展的,特别是作为征兵、征税、征发徭役的附属活动而存在和发展的。按照现在的说法,当时的统计调查属于"行政记录"的性质。

为了适应政治、军事、社会、经济活动的要求，统计思想和统计方法也有了相当程度的发展。其中有些合乎客观规律的思想，至今还保持着不灭的光芒，可以使人们受到有益的启示。但当时的统计思想和方法却没有形成独立的学科，而是与政治、军事、经济、社会等方面的思想融合在一起。这就决定了当时有关统计的论述是分散的和片段的。但如果将多数思想家的论点集中起来，倒也具备了相当的规模，有了一定的气候。

中国古代统计思想贯穿着两条主线：一是重视调查研究；二是重视利用统计资料对经济、社会问题进行分析。它不仅重视调查研究客观事物的质量方面，也重视调查研究客观事物的数量方面。中国传统的统计思想不少是同经济社会问题的分析结合在一起的。春秋战国时期的许多思想家，大都根据游说或论战的需要，利用统计资料对经济、社会问题进行分析。由于重视调查研究，从而总结出了若干调查研究的理论和方法；由于重视分析研究，从而引申出了若干统计分析的理论和方法。重视调查研究和重视统计分析的思想，在当代的统计工作中，也仍然占有重要地位。

在中国古代，很早就创造和运用统计分组法、大量观察法、平均数、相对数、众数、中位数、时间数列、比较分析以及统计报告制表等方法。（当然，我们会在后面的章节中再了解这些统计的基本知识。）可是，这些方法还缺乏理论的概括，多数也没有名称。这种情况是世界各国古代史中共有的现象。古代的统计思想和统计方法为人类进入资本主义社会后统计活动和统计思想发展成为独立的工作部门和独立的学科作了历史的准备，起到了先导作用，因而是功不可没的。

但可惜的是，中国的统计思想始终未成为系统的理论。直到清末，从西方输入统计理论以前，基本上未能超越春秋战国时期片段、分散的状态，上升为一门系统的科学。由于自秦朝之后的中央集权制和其他一些原因，学术思想不够活跃，加上封建社会晚期社会经济发展的滞缓，到16世纪之后就落后于西方了。但这并不能掩盖或贬低中国古代统计活动和统计思想在人类统计发展史上的重要地位。

虽然，人类统计的实践活动可以追溯到遥远的古代，生活在世界各地区、各民族、各个国家的人们都参与了统计的实践活动，作出了各自的贡

献,但是,将统计实践上升到理论,并加以总结和概括成一门科学——统计学,距今也只有300多年的历史。

人们通常将伦敦公开展出的《末日审判书》视为西方统计学的起源之作。

末日审判书

1085年的冬天,诺曼底公爵、英格兰国王威廉在英格兰西部的塞文河旁的格罗斯特郡,提出了"对英格兰的描述"的想法。这一描述的详细程度及获取细节的效率,都使人无法对它提出任何的挑剔,是欧洲中世纪最伟大的成就之一,以至于没人能够对这项工作有任何挑剔。整个叙述共有两卷,当地人称之为《末日审判书》。

调查员们深入到英格兰的每一个郡,并为主要城镇制作了一份正式的调查表。最后按照地理位置排列,将所有收集到的数据,包括田地的名称及其拥有者的名字,土地和可耕地的面积、牛群的数量以及其他类似的信息如实记录,并对土地价值做了最终估计的数据编辑、总汇成《末日审判书》。

《末日审判书》实际上是对土地的记录,可惜国王威廉却没有把这本书用于任何地方,发挥它的功效。如果只是要知道某个地方有多少牛群等资产信息的类似的简单问题,查看《末日审判书》就可以了。如果国王威廉可以像今天的人们一样,尝试用统计学的语言——计算平均值和相关性来总结《末日审判书》,就可以根据书上的数据判定哪个地方的管理卓有成效,哪些地方需要改进,可以帮助他计算税率。可见,没有统计学,人们无法发现这些辛苦仔细收集的大量数据背后隐藏的信息。

最早的统计学源于 17 世纪的英国,代表人物是威廉·配第(William Patty,1623 - 1687)和约翰·格朗特(John Graunt,1620 - 1674)。

威廉·配第　　　　　　　约翰·格朗特

威廉·配第在他的代表作《政治算术》(1676 年)一书中,写到:"不用比较级、最高级进行思维或议论,而是用数字……来表达自己想说的问题……借以考察在自然中有可见的根据的原因。"当时的英国在对外扩张过程中面临荷兰和法国两大实力雄厚的竞争对手的挑战。为了知己知彼,实现其大英帝国争夺殖民地、扩大世界市场和掠取更多原料的战略目标,客观上迫切需要有专人来搜集和分析研究荷兰和法国国情国力方面的统计资料并予以理论上的指导。配第以统计数据为基础,运用一系列分析手段和计算方法,通过对荷兰、法国和英国三国的现实力量和潜在力量的分析比较,指出了英国的富强之路,并最终得出英国能够超过荷兰和法国成为世界头号强国的结论。配第是西方近代以较系统的数量分析手段对国情国力进行比较研究的先驱,从而为统计学的形成和发展奠定了方法论基础。因此,马克思这样评价威廉·配第:"威廉·配第——政治经济学之父,在某种程度上也是统计学的创始人。"

也有一些人认为统计学只始于约翰·格朗特一个人的工作。约翰·格朗特唯一的著作《根据死亡公告作的自然和政治观察》中,通过大量的观察方法,研究并发现了一系列关于人口的数量规律,并运用各种方法对统计数据进行间接的推算和相互印证。

约翰·格朗特的研究是依据每个教区的办事员每周收集的洗礼、死亡名单，以及死亡原因的死亡公告。他分析了从 1604 年到 1661 年 57 年之久的死亡公告——即现在所谓的"原始数据"（如表 2-1），并从中推演出新的结论。除了统计 229250 位死亡总数，约翰·格朗特还列出了死亡的所有原因，有鼠疫、天花、狂犬病、麻疹、谋杀、死刑、饿死街头、自杀、溺水、烧伤以及大量其他的原因。每个原因都被仔细列出和分析。例如，他研究了咳嗽或年老哪个是 75 岁老人死亡的真正原因。在某些方面，这是十分现代的分析。约翰·格朗特叙述了一些想法后，便开始寻求真相。

表 2-1　1632 年死亡原因列表中的部分

| 死亡原因 | 受害者人数 | 死亡原因 | 受害者人数 |
|---|---|---|---|
| 惊厥 | 241 | 痔疮 | 1 |
| 结石 | 5 | 瘟疫 | 8 |
| 饿死街头 | 6 | 行星 | 13 |
| 水肿病 | 267 | 胸膜炎和脾脏 | 36 |
| 溺死 | 34 | 紫斑病和斑疹伤寒 | 38 |
| 处决 | 18 | 扁桃体周脓肿 | 7 |
| 癫痫 | 7 | 肺脓肿 | 98 |
| 发烧 | 1108 | 坐骨神经痛 | 1 |
| 瘘管 | 13 | 坏血病和疥疮 | 9 |
| 天花 | 531 | 猝死 | 62 |
| 梅毒 | 12 | 食伤 | 86 |
| 坏疽 | 5 | 猪水泡病 | 6 |
| 痛风 | 4 | 牙病 | 470 |
| 忧郁 | 11 | 鹅口疮 | 40 |
| 黄疸 | 43 | 鼓胀 | 13 |
| 颚骨脱垂 | 8 | 哮喘 | 34 |
| 脓肿 | 74 | 呕吐 | 1 |
| 事故 | 46 | 蠕虫病 | 27 |

约翰·格朗特发现,在229250个死亡总数中,只有86人死于谋杀。他证明,谋杀不是死亡的主要原因。当时有一个普遍的看法:瘟疫伴随着一个新王朝的开始。在约翰·格朗特手中,死亡公告揭示出这一说法是错误的。在他的分析结果中,几乎每一段都用数据指出了一些普遍看法的谬误,并发现新的真相。他告诉我们,所有这些信息将使他的同代人"更好地理解他们所处的危险"。

此外,约翰·格朗特还研究了出生率,并发现了一个迷惑好几代科学家的事实:男孩的出生率高于女孩的出生率。他详细介绍了这个发现,并说,男性更容易死于战争、航海或处以死刑等,但是因为男性有较高的出生率,所以成年男人和女人的数量大体相等。

约翰·格朗特的伟大见解是系统地分析公告,然后从数据中提取信息,并用数学解释数字之间的关系,这些工作是全新的。和许多新思想的命运不一样的是,格朗特的工作立即得到了认可,人们认为它具有极高的创造性和价值。格朗特是一位商人,不是学者,所以很难把他的研究归为某种类型。国王查理二世出面举荐,他要求皇家学会接纳格朗特为会员,而且以后要"毫不犹豫地"承认"任何一位这样的商人"。《根据死亡公告作的自然和政治的观察》出版了几个版本,影响了英国和欧洲大陆的研究。这是新的研究领域的开始,人们运用统计方法的新时代。

还有一个特别值得一提的人就是英国科学家、数学家哈雷。哈雷虽然不是观察到这颗以他名字命名的哈雷彗星的第一个人,但他第一个预言了它将于1758年再次出现在地球上空。哈雷研究了这颗彗星的大量记录,从而发现它是周期出现的,并可以正确预测它出现的时间。

哈雷在处理大量数据方面有着特殊的才能,他对统计学历史有意义的研究是关于布雷斯劳市死亡率的论文。哈雷知道格朗特的工作,但是他的兴趣比格朗特的更具体一些。哈雷想了解寿命期望值。例如,他想知道40岁男人再活7年的概率是多大。他还研究了相关问题,如一个年龄为$n$岁的人再活一年的概率;有相同岁数的一组人,多少年以后会有一半人还活着。哈雷得到了布雷斯劳市1687年至1691年连续五年的记录(如表2-2所示)。这些被仔细收集的数据所包含的信息仍是隐含的,只有用统计分

析才能揭示出来。哈雷制作了一张表,列出某一时间段中各个年龄的人数,随着年龄的增加,相应的人数就减少。

### 表2-2　布雷斯劳市的生命表

| 年龄 | 存活人数 | 年龄 | 存活人数 | 年龄 | 存活人数 | 年龄 | 存活人数 | 年龄 | 存活人数 |
|---|---|---|---|---|---|---|---|---|---|
| 1 | 1000 | 18 | 610 | 35 | 490 | 52 | 324 | 69 | 152 |
| 2 | 855 | 19 | 604 | 36 | 481 | 53 | 313 | 70 | 142 |
| 3 | 799 | 20 | 598 | 37 | 472 | 54 | 302 | 71 | 131 |
| 4 | 760 | 21 | 592 | 38 | 463 | 55 | 292 | 72 | 120 |
| 5 | 732 | 22 | 586 | 39 | 454 | 56 | 282 | 73 | 109 |
| 6 | 710 | 23 | 580 | 40 | 445 | 57 | 272 | 74 | 98 |
| 7 | 692 | 24 | 574 | 41 | 436 | 58 | 262 | 75 | 88 |
| 8 | 680 | 25 | 567 | 42 | 427 | 59 | 262 | 76 | 78 |
| 9 | 670 | 26 | 560 | 43 | 417 | 60 | 242 | 77 | 68 |
| 10 | 661 | 27 | 553 | 44 | 407 | 61 | 232 | 78 | 58 |
| 11 | 653 | 28 | 546 | 45 | 397 | 62 | 222 | 79 | 49 |
| 12 | 646 | 29 | 539 | 46 | 387 | 63 | 212 | 80 | 41 |
| 13 | 640 | 30 | 531 | 47 | 377 | 64 | 202 | 81 | 34 |
| 14 | 632 | 31 | 523 | 48 | 367 | 65 | 192 | 82 | 28 |
| 15 | 628 | 32 | 515 | 49 | 357 | 66 | 182 | 83 | 23 |
| 16 | 622 | 33 | 507 | 50 | 346 | 67 | 172 | 84 | 19 |
| 17 | 616 | 34 | 499 | 51 | 335 | 68 | 162 | * | * |

哈雷通过这个表格得出的结论是对布雷斯劳市生活状况的有趣分析,也反映了当时欧洲的一些情况。哈雷发现:

☆ 布雷斯劳市平均每年有1238人出生,1174人去世。在这些出生人口中平均有348个婴儿不到一岁就夭折了,即一岁以内婴儿的死亡率大约为28%。

☆ 在这1238位出生者中,平均有692人活到70岁,死亡率大约为 44%。

☆ 哈雷根据年龄把全部人口分成不同的群体,并计算了每个群体的死亡率。例如,9～25 岁的人群的死亡率大约是每年 1%。

☆ 哈雷还证明了如何计算任一年龄的人再活一年的概率,或者再活任意几年的概率。以 40 岁男人为例,方法是很简单的:40 岁男人的人数为 445 个,47 岁男人的人数为 377 个,期间有 68 人去世。用 377 除以 68 得出,40 岁的男人活到 47 岁的可能性大约为 11:2。

哈雷对布雷斯劳市的数据分析是对统计学发展的主要贡献。约翰·格朗特和哈雷在分析死亡公告时所用到的数学,在很大程度上是非常简单的。事实上,大量基础统计内容的特点就是所用的数学比较简单。约翰·格朗特和哈雷的论文中没有新的数学技巧,他们的分析由基础算术组成,在他们生活的时代都能很容易地解出。

威廉·配第、约翰·格朗特等人关于运用大量观察和数量分析等方法对社会经济现象进行研究的主张,为统计学的发展开辟了广阔的前景。有意思的是,他们一直没有使用"统计学"这一术语,而是用"政治算术"来表明其研究的特色,被人们称之为"政治算术"学派。

追根溯源,最早使用"统计学"这一术语的则是"国势学派"。"国势学派"创始人德国著名学者康令( H. Conring,1606—1681)从亚里士多德关于国家"四因论"的观点出发,在比较分析了当时欧洲各国的人口、土地、财政、兵力、社会秩序、立宪、行政、国家组织与结构等方面的国情国力状况的基础上,进一步论述阐发了决定国家重要事项的四个因素:国家的土地与人口(质料因素)、国体与政体(形式因素)、国家的财政和军事力量(动力因素)、建设国家的目的(目的因素),并且解释了这些要素间的因果关系。不过,康令的这些研究大都以文字叙述为主,这在表述上至少是笼统的或是模糊的。

德国的阿亨瓦尔( G. Achenwall,1719—1772)继承和发展了康令的观点。他认为在考察一个国家的强弱时,凡是能影响国家繁荣富强的事项,均可称之为"国家显著事项",研究一国或几个国家的显著事项的学问则是治理国家者所必须懂得并掌握的技术,而统计学就是关于国家显著事项的

学问。阿亨瓦尔在 1749 年出版的《欧洲最主要各国新国势学概要》一书中,分别记述了包括西班牙、葡萄牙、法国、英国、荷兰、俄国、丹麦、瑞典 8 个国家的领土、人口、物产、国境、殖民地、工业、贸易、货币、度量衡、社会阶层、军事力量、政治经济制度、气候等的情况,并尽可能地与德国的国情国力进行比较。虽然,阿亨瓦尔的国势研究中第一次提出了一些数字对比的实例,但比较研究的方法仍是文字记述式的和静态的。

后人把从事这方面研究的德国学者称为"国势学派"。虽然国势学派创造了"统计学"这一术语,但他们主要使用文字记述的方法进行研究,其学科内容与现代统计学有较大差别。

19 世纪后,统计在社会经济领域中的应用越来越广泛、越来越深入。人们为了满足国家和社会需要,广泛地开展了各种统计调查活动,这不仅为经济学家和社会学家的理论研究和实证分析提供了数量依据,也为统计学家从中概括和提出新的统计方法提供了新思路和数据材料。此时,出现了统计学中的一个重要流派——"社会统计学",包括政治统计、人口统计、经济统计、犯罪统计、社会统计等多方面内容。1850 年,德国的统计学家克尼斯(K. G. A. Knies,1821—1898)在《独立科学的统计学》的论文中提出:统计学是一门独立的社会科学,是一门对社会经济现象进行数量对比分析的科学。他主张以"国家论"作为国势学的科学命名,而以"统计学"作为"政治算术"的科学命名。这一主张得到多数统计学家的赞同。

克尼斯

社会统计学派着重对社会经济领域的统计方法及其应用进行研究。各国学者在社会经济统计指标的设定与计算、指数的编制、资料的收集与整理、统计调查的组织和实施、经济社会的数量分析和预测等方面做出的贡献已经成为现代统计学的重要组成部分。例如，德国统计学家恩格尔（Christian Lorenz Ernest Engel，1821－1896）提出的"恩格尔系数"，至今仍被人们广泛使用。

恩格尔　　　　　　　　　　　凯特勒

　　统计的发展进程中还有一个重要的学派——数理统计学派。数理统计学的创始人是比利时统计学家凯特勒（Adolphe Quetelet，1796—1874）。他所著的代表作《概率论书简》将概率论和统计方法引入社会经济方面的研究。凯特勒认为：统计学是一门既研究社会现象又研究自然现象的独立的方法论的科学。以后，以概率论为基础建立的统计理论与方法被称为数理统计。

　　从19世纪中叶，数理统计学得到迅速发展。到了20世纪中期，数理统计学的基本框架已经形成。随着社会经济的发展和自然科学技术的进步，统计研究的领域不断扩大，数理统计方法的运用也日益广泛和深入。

　　统计学可以使人们从数据中提取有意义的信息，统计学家的目标就是揭示大量数据所包含的信息。要是没有统计分析，就不值得努力收集数据了。

数据分析的基石——统计

实际上，多数基本统计最初是应用于农业、天文学甚至是政治学领域，在人类行为领域的应用则比较晚。例如，弗兰茨·加尔东对人类智力的性质非常感兴趣。他使用了特定的统计工具——相关系数，回答了家庭成员智力一致性的基本问题，并将相关系数广泛地应用到了行为科学和社会科学。另外，最简单的用于比较两个群体的均值差异的检验方法在 20 世纪初取得了首次进展。在此基础上建立的技术十年之后才提出，而且得到了极大的完善。随着个人计算机和类似 SPSS 软件的应用，任何人想研究这些有意义的问题都可以使用统计技术，以满足 95% 的人的 95% 的需求。

现在，不同领域——从司法、地球物理学到心理学——的分析人员发现，他们基本使用相同的统计技术来回答不同的问题。

亲爱的读者朋友们
让我们休息，休息一下！

# 第三章

# 如何选择数据的代表

可爱的小依依无意间看到自己手中的饮料,发现了商标一角注有 600 毫升的字样。那么,细心的你有没有留意过你购买的每一件商品的包装呢?仔细找一找,看一看,会发现商品上都标注有这样的信息:统一牌桶装方便面的面饼是 85 克,听装的可口可乐的容量是 355 毫升,大包装的汰渍洗衣粉是 1.5 千克等等。但是每一件商品真的像标注的那样准确吗?

蓬蓬哥,厂商生产的这种饮料真的会像标注的那样吗?每一瓶的容量都是600毫升?

小依依,让我想

一想,想一想啊!

聪明的小蓬蓬索性将冰箱里剩余的 18 瓶饮料都拿了出来,摆在餐桌上,并拿来量杯。既然有了怀疑,那就真的来测量一下这 18 瓶饮料的容量

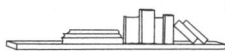

吧。经过一番忙碌,小蓬蓬为每一瓶饮料制作了一张标签,标示着1、2、3、…、18,并测量得到这18瓶饮料容量的数据,记录如下(单位:毫升、ml)。

| | | | | | |
|---|---|---|---|---|---|
| 600 | 580 | 594 | 594 | 600 | 613 |
| 580 | 598 | 600 | 605 | 613 | 622 |
| 594 | 598 | 613 | 605 | 594 | 570 |

不量不知道,原来并不是每一瓶饮料的容量都是600毫升,不过好像差别也不是很大。在这不显眼的18个数据中,就有这样一些"特殊"的数据可以作为它们的代表。

一种方法是大家所熟悉的,就是用平均数作代表。统计学上将算术平均数称为均值,用符号 $\mu$ 表示,读作"缪"。而计算数据均值的方法很简单:将所有的数据都加起来,然后再除以这些数据的个数。

将18瓶饮料容量的数据相加,再除以数据个数18,

$$\frac{600+580+594+594+600+613+\cdots+613+605+594+570}{18}$$

就可以得到这18瓶饮料容量的均值 $\mu = 598.5$ 毫升。

然而,在实际生活中人们不一定知道要处理的都是哪些数据,处理多少个数据。所以,通常会选择用字母来代替数据。我们不妨用 $x_1$ 表示第一瓶饮料的容量600毫升,用 $x_2$ 表示第二瓶饮料的容量580毫升,以此类推,用 $x_{18}$ 表示第十八瓶饮料的容量570毫升。求这18瓶饮料容量均值的计算就可以这样表示:

$$\mu = \frac{x_1+x_2+x_3+\cdots+x_{17}+x_{18}}{18}$$

当要处理的数据有很多很多时,用字母 $n$ 表示数据的个数,均值的计算方法就可记为

$$\mu = \frac{x_1+x_2+x_3+\cdots+x_n}{n}$$

好像写起来还是挺麻烦的。

在数学上,我们可以用大写希腊字母 $\Sigma$ 表示所有数据 $x$ 求和的意思,读作"西格玛"。那么,$n$ 个数的和就可以书写成

$$x_1 + x_2 + x_3 + \cdots + x_n = \sum_{i=1}^{n}$$

这个书写形式更为简洁一些。有了这个符号,均值 $\mu$ 就可以写为

$$\mu = \frac{\sum_{i=1}^{n} x_i}{n}$$

实际上,均值如同跷跷板的支点一样,就是所有数据的中心点,也就是说均值两侧的数据之和是相等的。

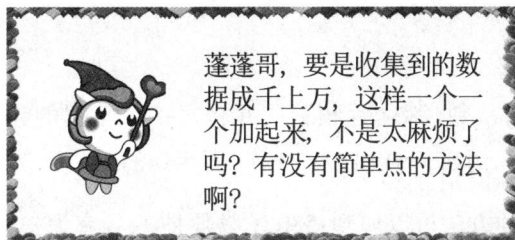

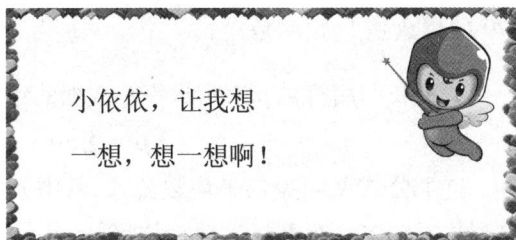

数据分析的基石——统计

当然,有人发现:在计算均值的时候,所给的数据中有一些是重复出现的。比如,前面的饮料容量的数据里,600 重复出现了 3 次,580 出现了 2 次,594 出现了 4 次,598 出现了 2 次,605 出现了 2 次。这里,每一个数据出现的次数称之为频数。用统计学的语言来说,600 的频数为 3,580 的频数为 2,594 的频数为 4,598 的频数为 2,605 的频数为 2,而 622 和 570 的频数则为 1。考虑一下乘法与加法的联系,这 18 瓶饮料的容量均值就可以这样计算:

$$\frac{3\times600+2\times580+4\times594+3\times613+2\times598+2\times605+622+570}{18}=598.5$$

如果我们用字母 $f$ 表示每一个数据出现的次数——数据的频数的话,均值的计算方法就可以重新表示为

$$\mu=\frac{\sum f\cdot x}{n}$$

如果再一次运用数学技巧,还可以将均值的计算公式变成一个新的形式,即

$$\frac{3}{18}\times600+\frac{2}{18}\times580+\frac{4}{18}\times594+\frac{3}{18}\times613+\frac{2}{18}\times598+\frac{2}{18}\times605+\frac{1}{18}\times622+\frac{1}{18}\times570=598.5$$

其中,每一个数据的出现的次数,称之为频数。并将每一个数据的频数与数据总个数的商称为频率。例如,600 出现了 3 次,即 600 的频数为 3,所以 600 的频率就是 $\frac{3}{18}$。同样的方法可以得到:580 的频数是 2,频率为 $\frac{2}{18}$;570 的频数是 1,频率是 $\frac{1}{18}$。

如果我们用符号 $p$ 表示每一个数据的频率的话,均值的新形式则为

$$\mu=\sum p\cdot x$$

这个公式又叫加权平均数公式,其中 $p$ 就是每个数据 $x$ 的"权数",在碰到数据较多又有重复时,使用这个公式比较方便。

均值在人们的生活中随处可见,像某年度人均收入、平均身高、平均寿

命、平均储蓄额等等。例如,中国国家统计局发布的 2011 年城镇居民人均总收入 23979 元人民币,大约每个月是 1998.25 元人民币。但正在读书的我们可是纯消费者,又哪里有收入呢?

再比如,假设班级里只有 5 名同学,他们的身高分别是(单位:厘米):

$$159 \quad 164 \quad 165 \quad 168 \quad 162$$

很容易计算得到全班 5 名同学的身高均值 $\mu = 163.6$ 厘米。可如果篮球明星姚明也是班级一员的话,那情况就有太大的不同了。此时,算上姚明的身高 226 厘米,全班 6 名同学身高的均值就变成了 $\mu = 174$ 厘米。

不过,大家千万不要对自己的身高太失望,毕竟这个身高的均值是被高个子同学姚明的身高抬高了。此时,姚明同学的身高就被人们视为"异常值"。

呵呵,是我抬高了身高的均值啊!

实际上,近几年关于"平均工资"的讨论十分热烈。早在 2004 年,广州市人大代表就曾对广州市政府工作报告中的"全市职工平均工资为 28237 元"提出了质疑。他们指出:在平时接触的市民中,普遍反映工资收入基本达不到这个水平,有的甚至相距甚远。有人提议:看职工的工资不能只看平均数,还要关注那些平均水平以下的人群。毕竟,往往高收入的人比例较少,中低收入的人比例很高。因此,以后再看到某个平均收入时,不妨首先问一问:到底是哪些人收入的平均?

虽然平均数的计算简单、便于理解,但它也有自身的不足。像上述情况中,均值是偏离一般情况的,通常会高于一般水平。当所给的数据中没有异

数据分析的基石——统计

常值时,均值会表现得很好。可一旦数据中出现了异常值,均值就会失魂落魄地跟着这些异常值走了,甚至会远远偏离大部分数值所在的位置。

所以,为了避免平均数引起的误解,提供更多的信息就是一个比较好的解决方法。为此,人们引入了一个新的概念——中位数。中位数将从另一角度反映数据隐藏的某些信息。

对于前面提出的饮料容量问题,你是否会提出这样的意见呢? 测量出的这 18 个数据也太杂乱无章了吧,能不能给这些数据排个队呢?

那不妨将这 18 个数据按照从小到大的顺序重新排列,如下:

| | | | | | |
|---|---|---|---|---|---|
| 570 | 580 | 580 | 594 | 594 | 594 |
| 594 | 598 | 598 | 600 | 600 | 600 |
| 605 | 605 | 613 | 613 | 613 | 622 |

位于这 18 个数据中间的数据有两个:598 和 600。谁才是中间的那一个呢?

大家可要注意啦,如果给出的数据是奇数个,顾名思义,中位数自然就是排序以后的中间位置的那一个数据。例如,

| | | | | | | | | |
|---|---|---|---|---|---|---|---|---|
| 20 | 28 | 19 | 25 | 17 | 20 | 22 | 22 | 20 |

该组数据有 9 个,将其按照从小到大的顺序重新排列,得到

| | | | | | | | | |
|---|---|---|---|---|---|---|---|---|
| 17 | 19 | 20 | 20 | 20 | 22 | 22 | 25 | 28 |

位于中间位置的数据 20 就称为中位数。

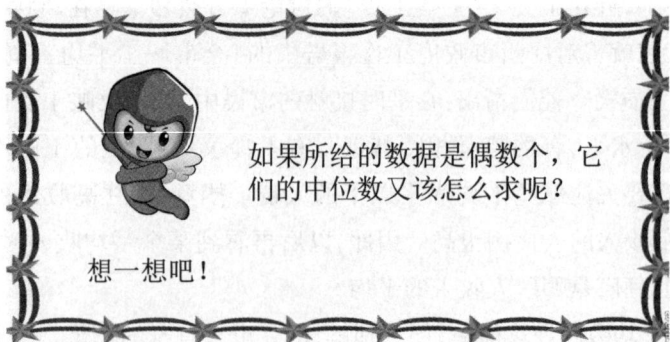

如果所给的数据是偶数个,它们的中位数又该怎么求呢?

想一想吧!

当所给的一批数据有偶数个时,我们只需要取两个中间数的均值就可以了。例如,假设有这样 10 个数据:

20　　28　　19　　25　　17　　26　　20　　22　　22　　20

首先,将这 10 个数据按照从小到大的顺序重新排列:

17　　19　　20　　20　　20　　22　　22　　25　　26　　28

这时,位于数据中间位置的有两个数据,一个是 20,一个是 22。这两个数据的均值是

$$\frac{20+22}{2}=21$$

21 就是这 10 个数据的中位数。

所以,对于 18 个饮料容量的数据而言,它们的中位数值就是 598 和 600 的均值 599。简单地说,中位数永远位于数据的中间,它是一个中间值。它实际上是一系列数据的中点,各有一半数据位于它的两侧。

我是中位数,我一定是站在最中间的,而且我的左右两侧的数据个数可是相同的。

如果加上姚明同学的身高数据,将 6 个身高数据从小到大排列起来,如下:

159　　162　　164　　165　　168　　226

它们的中位数就是中间两个数据 164 与 165 的均值 164.5。这个数据还是能够较真实地反映出 6 名同学的身高的基本情况吧。

当然, 你也可以将饮料容量的 18 个数据按照从大到小的顺序排列, 仍然会得到相同的结果。

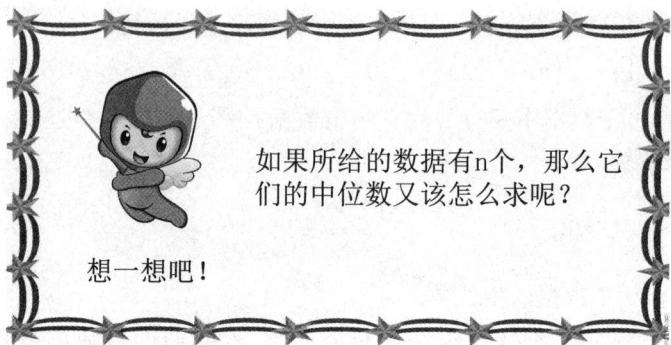

如果所给的数据有n个, 那么它们的中位数又该怎么求呢?

想一想吧!

首先, 将所给的 n 个数据按照从小到大的顺序排列。

如果 n 是奇数, 那么中位数就是位于中间的那个数据。也就是排列在第 $\frac{n+1}{2}$ 个位置上的数据。

如果是偶数, 那就将中间两个数据相加, 然后除以 2。此时的中位数就是排列在第 $\frac{n}{2}$ 个与第 $\frac{n}{2}+1$ 个位置上的两个数据的平均值。

相对于均值而言, 中位数面对异常值就显得冷静得多了。无论给出怎样的数据, 中位数总能够端端正正地站在所有数据的中央, 不偏不倚。

当然, 中位数也会带来误导。举个简单的例子吧。如果某一亲子游泳池中有 18 个人在游泳, 当然有小孩子也有看护的家长了。一一记录下他们的年龄(单位:岁), 并按照从小到大依次排列, 如下:

| | | | | | |
|---|---|---|---|---|---|
| 1 | 1 | 1 | 2 | 2 | 2 |
| 2 | 3 | 3 | 31 | 31 | 32 |
| 32 | 32 | 32 | 33 | 33 | 33 |

现在应该可以很熟练地计算出这些数据的均值为 17 岁。可是这个亲子游泳池里显然没有 17 岁的人。

如果亲子游泳池中又来了一位 2 岁的孩子,此时的中位数则为 3,就无法反映出家长年龄的情况。如果亲子游泳池中多了一位年龄为 31 岁的家长,此时的中位数则为 31,又无法显示孩子年龄的情况。

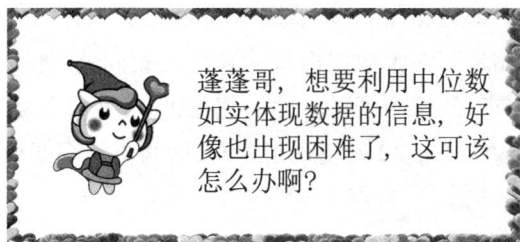

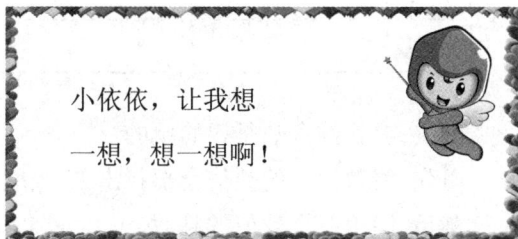

蓬蓬哥,想要利用中位数如实体现数据的信息,好像也出现困难了,这可该怎么办啊?

小依依,让我想一想,想一想啊!

既然我们注意到了重复出现的数据,那么就将之前的 18 瓶饮料的容量数据出现的频数一一整理出来,绘制成一张表格,统计上称其为频数分布表。

表 3 – 1  18 瓶饮料容量的频数表

| 容量 | 频数 |
| --- | --- |
| 570 | 1 |
| 580 | 2 |
| 594 | 4 |
| 598 | 2 |
| 600 | 3 |
| 605 | 2 |
| 613 | 3 |
| 622 | 1 |

数据分析的基石——统计

这张表格直接呈现了每一个数据出现的次数,将其中出现次数最多的数据称为众数。之前给出的这 18 个数据中的众数就是 594,因为它的频数是 4,出现的次数最多。

众数体现的是所给数据集中的一个数值,但它可没有计算公式。

如果每一个数据出现的频数都是相同的,那么就没有众数了,当然,你也可以把大家都看成众数。但如果有多个数据出现的频数是相同的,那么这些数据的分布就称为多峰分布。就像亲子游泳池中记录的 18 个年龄数据,绘制成频数分布表格,其中数据 2 和 32 都出现了 4 次,这两个数据都是众数。这就是一个双峰分布的情况。

| 年龄 | 1 | 2 | 3 | 31 | 32 | 33 |
|------|---|---|---|----|----|----|
| 频数 | 3 | 4 | 2 | 2 | 4 | 3 |

其实,要找到众数是很简单的。

首先,将数据中的数值全部找出来,当然重复的数据只书写一次。

然后,写出每个数值的频数。

最后,只要挑出具有最高频数的一个或几个数值,自然就能得到众数啦。

如果下表是全班同学身高的数据(单位:cm),你可以告诉我这组数据的均值、中位数、众数分别是多少吗?

试一试
你可以的!

| 身高 | 158 | 167 | 159 | 160 | 162 | 161 |
|------|-----|-----|-----|-----|-----|-----|
| 频数 | 1 | 1 | 2 | 3 | 4 | 4 |

这个问题肯定难不倒大家。全班同学一共有 15 位,可以求出均值是 161 厘米,中位数是 161,而众数有两个:161 和 162。

众数不仅可以用于数值数据,也可以用于分类数据。事实上,相对于均值、中位数,众数是唯一一个可以用于分类数据的。当然,也可以用众数指定具有最高频数的数值组。通常将具有最高频数的组称为众数组。

但众数也只能告诉人们出现次数最多的那个数据,而无法展现出其他数据。换言之,众数也只能反映出数据的部分信息而已。

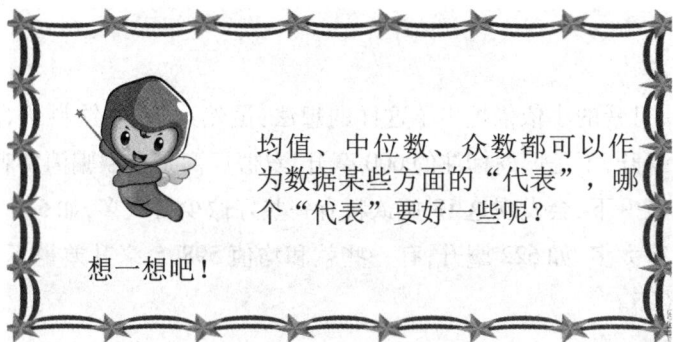

均值、中位数、众数都可以作为数据某些方面的"代表",哪个"代表"要好一些呢?

想一想吧!

一般来说,均值是比中位数更精确的测量,但均值容易受到异常值的影响,而中位数则永远位于所有数据的中央,不偏不倚。中位数是比众数更精确的测量,但中位数也会受到数据的影响,无法真实反映数据的所有信息。同样地,众数也无法全面地描述出数据的全貌,展现数据的所有信息。虽然均值、中位数、众数可以作数据某些方面的代表,但它们可以全面地表达数据的信息吗?

通过下一章的内容,大家就会知道,那也未必。

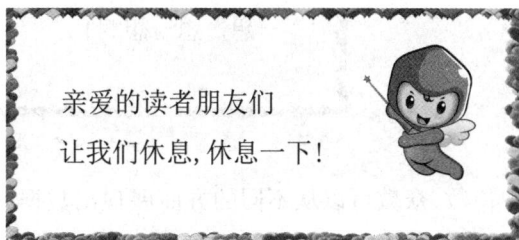

亲爱的读者朋友们

让我们休息,休息一下!

数据分析的基石——统计

# 第四章

# 怎么判断数据波动的程度

接着,可爱的小依依提出了这样的想法:虽然这 18 瓶饮料的容量均值是 598.5 毫升,不是厂商标注的 600 毫升,看似厂商是在欺骗消费者。但再仔细地思考一下,会发现这 18 瓶饮料有一些好像少得太多,如 570 毫升;有一些又多得太多,如 622 毫升;有一些就和均值 598.5 毫升差得不太多,如 598、594、605。

蓬蓬哥,有些数据距离均值远了点,而有些数据离均值又很近,该如何描述这种直观感觉呢?

小依依,让我想

一想,想一想啊!

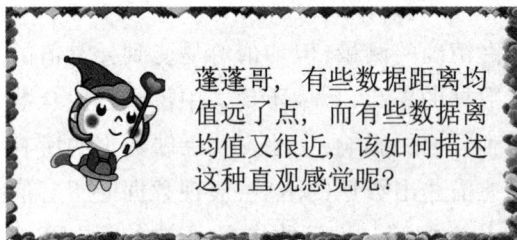

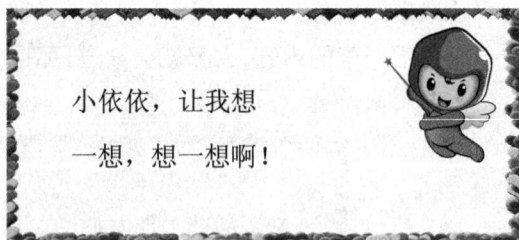

虽然均值、中位数、众数可以从不同的方面展现出数据的"中心",却无法获知数据的变动情况。

通过计算全距,就可以轻易获知数据分散的情况。一般地,将所给数据中的最大值称为上界,最小值称为下界。那么,全距的计算方法就是:最大值减去最小值。回顾一下之前的 18 个饮料容量的数据吧。很容易确定,最大值是 622,最小值是 570。那么,饮料容量数据的全距就是

$$622 - 570 = 52。$$

570　580　　594　594　594　　……　　605　613　　622

全距

全距主要指出的是数据的分布范围,有点像测量数据的宽度。全距又称为极差,它是度量数据集中分散程度的既简单又方便的方法。

不过全距还是存在一定的缺陷。在全距极其简单的表象下却潜伏着危机。因为全距只能描述数据的宽度,而无法描述出数据在最大值和最小值之间分布的真实情况。

有一个解决这个问题的办法——使用四分位数。首先,将所给数据按从小到大的顺序排列,然后,将这些数据分成四个相等的数据块。也就是说,每一个数据块中都包含原有数据的四分之一。

例如,已经按从小到大排列好的 8 个简单的数据:

1　　2　　2　　3　　3　　4　　8　　9

通常情况下,数据中的最大值(如 9)或最小值(如 1)就是数据中的异常值。如果将这 8 个数据分成四块,

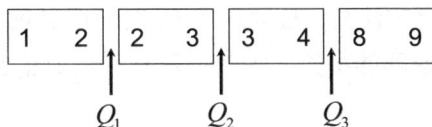

1　2　　2　3　　3　4　　8　9

$Q_1$　　　　$Q_2$　　　　$Q_3$

起到将整批数据一分为四作用的几个数值就是四分位数。最小的四分位数($Q_1$)称为下四分位数,最大的四分位数($Q_3$)称为上四分位数或者第三四分位数。中间的四分位数($Q_2$)就是中位数,因为它将所有的数据一分为二。

蓬蓬哥，该怎样才能求出四分位数呢？

小依依，让我想一想，想一想啊！

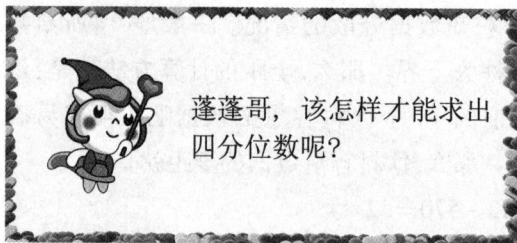

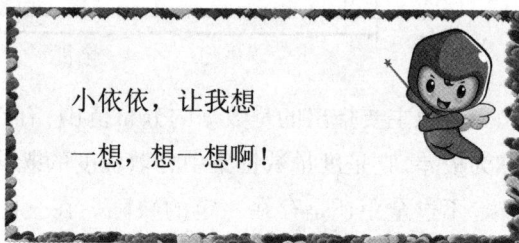

首先,一起来回忆一下中位数的求法吧。毕竟,求四分位数的过程与求中位数的过程是十分相似的。当数据按照从小到大的顺序排列后,中位数正好是位于正中央的那个数据。

如果数据个数 $n$ 是奇数,那么中位数就是排列在第 $\frac{n+1}{2}$ 个位置的数据。如果数据个数 $n$ 是偶数,此时的中位数就是排列在第 $\frac{n}{2}$ 个与第 $\frac{n}{2}+1$ 个位置上的两个数据的平均值。

虽然四分位数的求法与中位数很接近,但仍稍显棘手了一些。因为必须保证所选择的数值能够按照正确的比例划分所有的数据。首先从下四分位数算起吧。

★ 第一步:计算 $\frac{n}{4}$ 的结果;

★ 第二步:如果 $\frac{n}{4}$ 的结果是整数,那么下四分位数就是位于第 $\frac{n}{4}$ 个位置与第 $\frac{n}{2}+1$ 个位置上的两个数据的中间。只要取这两个位置上数据的均

值就可以得到下四分位数;

★ 第三步:如果 $\frac{n}{4}$ 的结果不是整数,那么就取一个比 $\frac{n}{4}$ 大且最接近 $\frac{n}{4}$ 的整数,可以用符号 $\left[\frac{n}{4}\right]+1$ 表示。那么位于第 $\left[\frac{n}{4}\right]+1$ 位置的数据就是下四分位数。

这里所用的符号 $\left[\frac{n}{4}\right]$ 称为取整,例如 $[4]=4$、$[2.5]=2$、$[-1]=-1$、$[-1.33]=-2$,表示取不大于 $\frac{n}{4}$ 的最大整数。

对所给的 8 个简单的数据而言,数据个数 $n=8$,那么 $\frac{8}{4}=2$ 恰是一个整数,那么下四分位数就是位于第 2 个位置与第 3 个位置的两个数据 2、2 的均值 $\frac{2+2}{2}=2$。

你能求出饮料容量的18个数据的下四分位数吗?

试一试,你可以的!

首先,将 18 个数据从小到大排列好。由于 $\frac{18}{4}=4.5$ 不是整数,而 4.5 取整是 $[4.5]=4$,所以下四分位数就是位于第 5 个位置的数据 594。

求上四分位数的方法与下四分位数的求法是相似的。

★ 第一步:计算 $\frac{3n}{4}$ 的结果;

数据分析的基石——统计

★ 第二步：如果 $\frac{3n}{4}$ 的结果是整数，那么上四分位数就是位于第 $\frac{3n}{4}$ 位置与第 $\frac{3n}{4}+1$ 个位置的中间。只要取这两个位置上数据的均值就可以了；

★ 第三步：如果 $\frac{3n}{4}$ 的结果不是整数，那么就取一个比 $\frac{3n}{4}$ 大且最接近 $\frac{3n}{4}$ 的整数，可以用符号 $\left[\frac{3n}{4}\right]+1$ 表示，位于第 $\left[\frac{3n}{4}\right]+1$ 位置的数据就是上四分位数。

由于所给的 8 个数据满足 $\frac{3\times8}{4}=6$ 恰是一个整数，那么上四分位数就是位于第 6 个位置与第 7 个位置的两个数据 4、8 的均值 $\frac{4+8}{2}=6$。

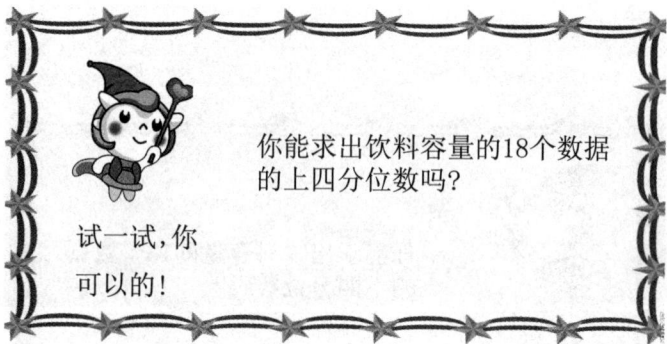

你能求出饮料容量的18个数据的上四分位数吗？

试一试，你可以的！

由于 $\frac{3\times18}{4}=13.5$ 不是整数，而 $[13.5]=13$，所以上四分位数就是位于第 14 个位置的数据 605。

一般地，两个四分位数之间的距离被称为四分位距（IQR）。但通常选用

**上四分位数 — 下四分位数**

作为四分位距。

前面所给的 8 个数据的四分位距就是

$$6 - 2 = 4$$

所给的 18 瓶饮料容量数据的四分位距就是

$$605 - 594 = 11$$

不难看出,四分位数所在的位置,使得四分位距仅仅使用了中间 50% 的数据。通过这个办法,使数据中的异常值弃而不用。

你可以根据全班同学身高的数据（单位：cm），求出下四分位数、上四分位数和四分位距吗？

试一试,你可以的!

| 身高 | 158 | 167 | 159 | 160 | 162 | 161 |
|------|-----|-----|-----|-----|-----|-----|
| 频数 | 1 | 1 | 2 | 3 | 4 | 4 |

首先,将全班同学身高的 15 个数据按照从小到大的顺序排列。

| 身高 | 158 | 159 | 160 | 161 | 162 | 167 |
|------|-----|-----|-----|-----|-----|-----|
| 频数 | 1 | 2 | 3 | 4 | 4 | 1 |

由于 $\frac{15}{4} = 3.75$ 不是整数,而 $[3.75] = 3$,所以下四分位数就是位于第 4 个位置的数据 160。由于 $\frac{3 \times 15}{4} = 11.25$ 不是整数,而 $[11.25] = 11$,所以上四分位数就是位于第 12 个位置的数据 162。因此,四分位距就是 162 - 160 = 2。

实际上,对数据的分块还可以更细致一些。四分位数只关心中间 50% 的数据,四分位距只能体现中间这 50% 的数据的间距。类似的,当把数据分为 10 块,就能确定十分位数,得到十分位距。甚至可以把数据分成 100 块,就能确定百分位数,得到百分位距。

数据分析的基石——统计

四分位距为人们提供了一种用于度量数据分散程度的标准的、可重复使用的方法。

除了用全矩、四分位距来展现数据的分散程度，我们还常常使用另一种方法——标准差。首先，还是用一个直观图形的方式来说明吧。将 18 瓶饮料容量的每一个数据标注在数轴上，看看它们的位置展现出怎样的特点？

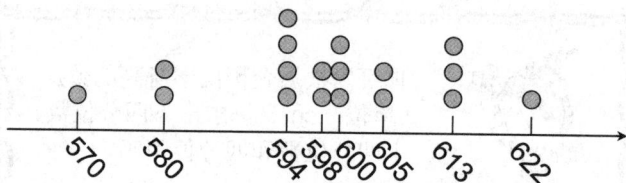

你会发现：18 个数据中的大多数都是比较接近的，只有个别的几个点有些特殊，跑得远了一些。这幅图所描述的就是这些数据的分散程度。

其实，描述数据集中程度的一种很简单的方法就是观察每一个数据与均值的距离，并计算各个数据与均值的某种平均距离，以表现这种集中程度。

假设有这样三个数据：1、2、9。很容易得到这三个数的均值是 4。估计很多人都会想到这样的方法：将数据 1、2、9 和均值 4 标注在数轴上。

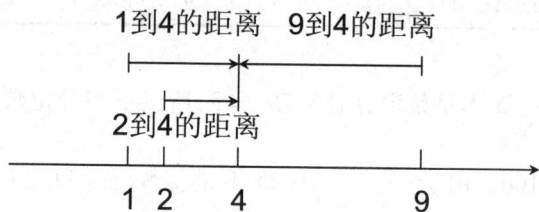

那么，1 到 4 的距离就是 $1-4=-3$，2 到 4 的距离就是 $2-4=-2$，9 到 4 的距离就是 $9-5=5$。它们的平均距离就是

$$\frac{(-3)+(-2)+5}{2}=0$$

其中，每一个数据 $x$ 与均值 $\mu$ 的差 $x-\mu$ 称之为离差。

实际上，无论给出怎样的数据，只要利用上述方法，都会得到一致的结果:各个数据与均值的平均距离总是零,正负距离总是相互抵消的。这样,无论给出的数据偏离的程度有多么的夸张,离差的和都是无法体现数据偏离的程度。

于是,人们设计了一个很巧妙的办法——求平方的和,就解决了正负距离相互抵消的麻烦。将每一个数据到均值的距离平方后,再求平均。例如,

$$\frac{(1-4)^2+(2-4)^2+(9-4)^2}{3}\approx 12.67$$

得到一个有意义的数值。这种度量数据集中程度的方法称之为方差,是一种常用的描述数据集中程度的方法。

可利用距离的平方并不是很直观,还有一种很简单的方法就可以进行修正——取方差的算术平方根,从而得到的结果称之为标准差,用小写希腊字母 $\sigma$ 表示,读作"西格玛"。这样,方差就可以用符号 $\sigma^2$ 表示。

因此,数据1、2、9的标准差就是

$$\sigma=\sqrt{\frac{(1-4)^2+(2-4)^2+(9-4)^2}{3}}\approx 3.56$$

所以,标准差是描述数据与均值距离的一种方法。标准差越小,表示数据离均值越近,数据的集中程度越高,分散程度越低。标准差越大,表示数据离均值越远,数据的集中程度越低,而分散程度越高。当然,标准差也有可能取到0的。

无论给出多少个数据,利用同样的方法,都可以得到标准差。首先计算数据的均值 $\mu$,再计算方差,最后取方差的算术平方根,就可得到标准差 $\sigma$。用简洁的数学公式即是

$$\sigma=\sqrt{\frac{(x_1-\mu)^2+(x_2-\mu)^2+\cdots+(x_n-\mu)^2}{n}}=\sqrt{\frac{\sum\limits_{i=1}^{n}(x_i-\mu)^2}{n}}$$

从而,得到方差的计算方法

$$\sigma^2=\frac{\sum\limits_{i=1}^{n}(x_i-\mu)^2}{n}$$

那我们就试一试,看看这18瓶饮料的标准差是多少。数据有点多,大家要细心一些才行啊。还好我们已经求出了这18个数据的均值 $\mu = 595.8$。利用标准差的公式应该不难的。

$$\sigma = \sqrt{\frac{(600-600)^2 + (580-600)^2 + (594-600)^2 + \cdots + (570-600)^2}{18}}$$

$$= \sqrt{\frac{0 + 400 + 36 + \cdots + 900}{18}}$$

$$\approx 12.68$$

可小依依皱了皱眉头,要计算好多好多平方啊,还可以再简单一些吗?你是否还记得整理出来的频数分布表。有想法了吗?

$$\sigma = \sqrt{\frac{900 + 2 \times 400 + 4 \times 36 + 2 \times 4 + 2 \times 25 + 3 \times 169 + 484}{18}} \approx 12.68$$

全班同学身高(单位:cm)的标准差是多少?

试一试,你可以的!

| 身高 | 158 | 167 | 159 | 160 | 162 | 161 |
|------|-----|-----|-----|-----|-----|-----|
| 频数 | 1 | 1 | 2 | 3 | 4 | 4 |

首先,求得身高数据的均值 $\mu = 161$。然后,利用标准差的公式求 $\sigma$。

$$\sigma = \sqrt{\frac{(158-161)^2 + (159-161)^2 + \cdots + (167-161)^2}{15}}$$

$$= \sqrt{\frac{9 + 4 + \cdots + 36}{15}}$$

$$\approx 1.63$$

也就是说,全班同学身高的标准差大约是 1.63cm。

虽然标准差是度量数据集中程度的一种方法,但为了计算标准差而进行的方差计算通常比较繁杂——难就难在要计算出每一个$(x - \mu)^2$。如果需要处理的数据很多,当然就越容易出错,特别是当均值$\mu$是一个数位众多的小数时就尤为明显。

在数学知识的帮助下,我们可以得到一个能够较快计算出方差的公式。

由于

$$\sigma^2 = \frac{\sum\limits_{i=1}^{n}(x_i - \mu)^2}{n}$$

$$= \frac{\sum\limits_{i=1}^{n}(x_i^2 - 2\mu x_i + \mu^2)}{n}$$

$$= \frac{\sum\limits_{i=1}^{n}x_i^2 - 2\mu\sum\limits_{i=1}^{n}x_i + \sum\limits_{i=1}^{n}\mu^2}{n}$$

$$= \frac{\sum\limits_{i=1}^{n}x_i^2 - 2\mu\sum\limits_{i=1}^{n}x_i + n\mu^2}{n}$$

而均值$\mu = \dfrac{\sum\limits_{i=1}^{n}x_i}{n}$,所以$\sum\limits_{i=1}^{n}x_i = n\mu$。因此,上式就可以整理为

$$\sigma = \frac{\sum\limits_{i=1}^{n}x_i^2 - 2n\mu^2 + n\mu^2}{n}$$

$$= \frac{\sum\limits_{i=1}^{n}x_i^2 - n\mu^2}{n}$$

$$= \frac{1}{n}\sum\limits_{i=1}^{n}x_i^2 - \mu^2$$

这个公式的实践意义在于:处理起来不太麻烦,犯错误的几率也更小。进而,标准差的计算公式也可记为

$$\sigma = \sqrt{\frac{\sum x^2}{n} - \mu^2}$$

标准差是一个有意义的统计数据。例如，2008 年北京奥运会上，中国射击队以 5 金 2 银 1 铜的战绩交出了一份完美的奥运答卷，实力超群、新人涌现是中国射击队给世界留下的深刻印象。新的征战又将开始，该如何选择奥运会射击项目的优秀运动员呢？假设有两位射击运动员甲、乙分别向目标靶射击 10 发子弹。而两人射击结果的均值是相同的，换言之这两位选手的平均水平是相同的。这就无法从射击结果的平均环数分出甲、乙的"好"与"坏"了。但谁的水平更为稳定、把握更大呢？

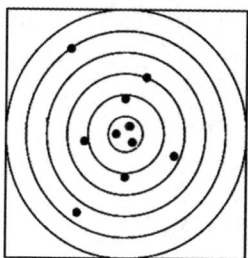 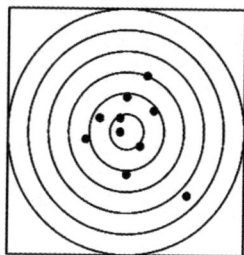

甲 　　　　　　　　　　　　　　乙

由于乙的射击点较集中在靶中心附近，射击的稳定性较好，所以乙的射击效果相对于甲是比较好的。而描述集中程度的度量就是标准差。尤其当给定了同类型的多组数据时，标准差通常会成为继均值之后的另一个选择标准。

然而，标准差的用途远不止于此，但需要稍事"改装"——标准化。当不同组别的数据的均值和标准差各不相同时，利用标准化就可以对其进行比较研究了。通过数据的均值和标准差，利用标准化的特定公式

$$u = \frac{x - \mu}{\sigma}$$

就可以求出一个特定的数值——标准计分。

举个最贴近学生的实例，假设表 4 – 1 是班级期中考试的历史和生物两科的成绩。

表4-1 班级期中考试的历史和生物两科的成绩

| 姓名(或学号) | 历史 | 生物 |
|---|---|---|
| 小依依 | 73 | 59 |
| 小蓬蓬 | 61 | 73 |
| 3 | 14 | 47 |
| 4 | 41 | 38 |
| 5 | 49 | 63 |
| 6 | 87 | 56 |
| 7 | 69 | 15 |
| 8 | 65 | 53 |
| 9 | 36 | 80 |
| 10 | 7 | 50 |
| 11 | 53 | 41 |
| 12 | 100 | 62 |
| 13 | 57 | 44 |
| 14 | 45 | 29 |
| 15 | 56 | 91 |
| 16 | 34 | 35 |
| 17 | 37 | 53 |
| 18 | 70 | 68 |

表格中记录了18位同学的历史与生物的考试成绩,其中,小依依的历史成绩与小蓬蓬的生物成绩都是73分。到底谁的73分"含金量"更高呢?下面就用标准计分来体现吧。

首先,分别计算出历史与生物考试成绩的均值与标准差。不妨用 $\mu_1$、$\sigma_1$ 表示历史考试的均值与标准差,用 $\mu_2$、$\sigma_2$ 表示生物考试的均值与标准

差。很容易计算得到

$$\mu_1 = 53, \quad \sigma_1 = 22.7$$

$$\mu_2 = 53, \quad \sigma_1 = 18.3$$

居然两门学科的考试平均分都是 53 分。

第二步,小依依历史的标准计分与小蓬蓬生物的标准计分。

$$\mu_1 = \frac{73 - 53}{22.7} = 0.88$$

$$\mu_2 = \frac{73 - 53}{18.3} = 1.09$$

第三步,作个比较吧。由于 $1.09 > 0.88$,所以小蓬蓬生物考试成绩的 73 分更有价值!

呵呵,所以对于考试成绩来说,就算只是一分之差也会影响深远的。利用这个方法可以计算得到每一个同学每一科目考试成绩的标准计分。

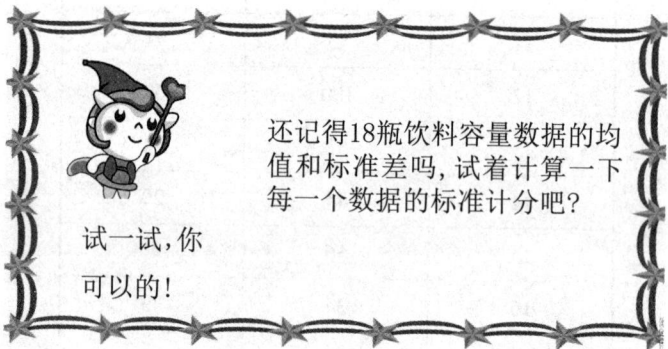

试一试,你可以的!

还记得18瓶饮料容量数据的均值和标准差吗,试着计算一下每一个数据的标准计分吧?

大家要小心啊! 标准计分可以是正数,也可以是零,甚至也可以是负数的。但无论数据的单位是什么,数据的满分是多少,标准计分的均值一定为 0,标准差一定为 1。

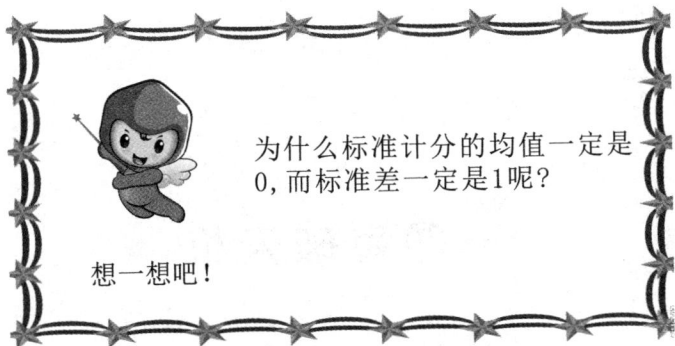

为什么标准计分的均值一定是0,而标准差一定是1呢?

想一想吧!

那是因为

$$\sum_{i=1}^{n} \mu_i = \sum_{i=1}^{n} \frac{x_i - \mu}{\sigma} = \frac{\sum_{i=1}^{n} x_i - \sum_{i=1}^{n} \mu}{\sigma} = \frac{n\mu - n\mu}{\sigma} = 0$$

$$\frac{\sum_{i=1}^{n} (u_i - 0)^2}{n} = \frac{\sum_{i=1}^{n} \left( \frac{x_i - \mu}{\sigma} \right)^2}{n} = \frac{\sum_{i=1}^{n} (x_i - \mu)^2}{n\sigma^2} = \frac{\sum_{i=1}^{n} x_i^2 - n\mu^2}{n\sigma^2} = \frac{n\sigma^2}{n\sigma^2} = 1$$

标准计分为人们提供了一种对不同组数据进行比较的办法,即将每一组数据转化为更为通用的分布形态,再进行比较。

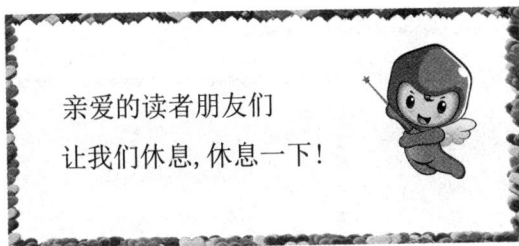

亲爱的读者朋友们

让我们休息,休息一下!

# 第五章

# 一图道破天机

小依依认为,采用表格的方式虽然可以帮助整理大量的数据,显示数据的频数,反映出数据的某些真实情况,但如此众多的数据还是让人眼花缭乱,给人的印象仍然不够形象生动。能不能给数据穿上更漂亮直观的时装呢?

蓬蓬哥,可不可以用图像的方式让数据更生动、更活泼一些呢?

小依依,让我想一想,想一想啊!

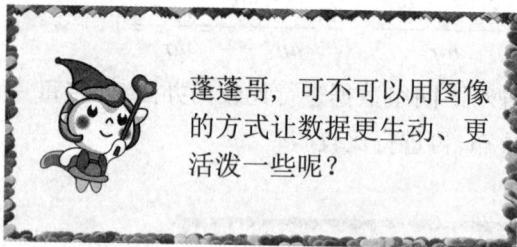

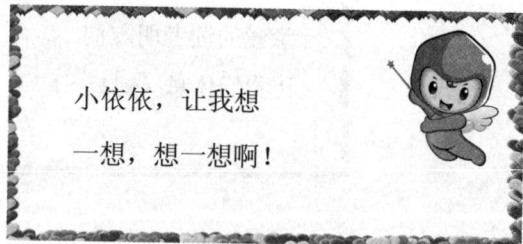

人们似乎对数字有着一种天生的畏惧。在生活中,广告商总是希望自己的广告可以促进商品的销售,出版商总是希望自己的图书或杂志可以畅销。但是,调查后产生的大量数据就会有令人困扰的问题,仅仅通过观察堆积如山的数据是很难发现其中隐含的模式和趋势的,毕竟,有很多信息是隐藏的,而文字描述也无法达到准确的效果。这个时候有一个解决的办法——画图。通过图形,数据得以直观地呈现,使人们一眼就能看出数据的真正动向。

你有没有留意过生活中的这些图形呢?

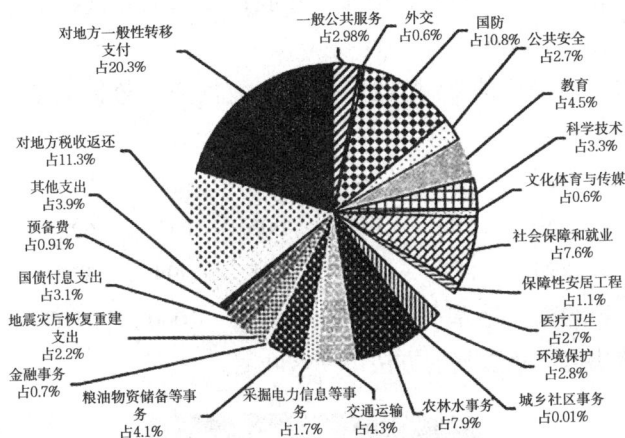

图 5-1　2009 年中央财政支出结构

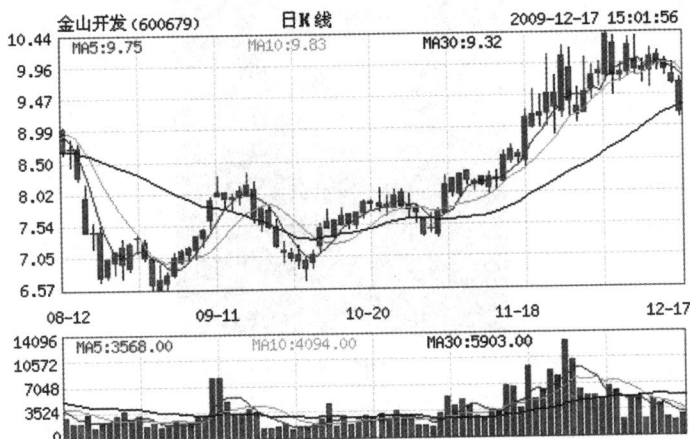

图 5-2　股票走势图

要更直观地表现数据的统计信息,最好的方法莫过于统计图,它是概括原始数据信息的一种便捷方式。这种更直观、更形象的方式可以帮助人们一眼得到初步印象,读懂数据背后的一些秘密。

人们比较常用的统计图有这样几种:折线图、饼状图、条形图、直方图。但能否为数据选择合适的图形,确保数据以最有效的方式展现、传达信息,这就需要根据具体情况进行判断了。让我们一起揭开这些统计图的面纱,看看它们美丽的容颜吧。

还记得之前得到的 18 瓶饮料容量的数据吧。数据如下(单位:毫升ml):

| | | | | | |
|---|---|---|---|---|---|
| 600 | 580 | 594 | 594 | 600 | 613 |
| 580 | 598 | 600 | 605 | 613 | 622 |
| 594 | 598 | 613 | 605 | 594 | 570 |

统计学家约翰·塔基(John Turkey,1915—2000)发明了一种能够保留独立数据的快速汇总数据的方法——茎叶图。

约翰·塔基

以饮料容量数据为例,"茎"就是以每 10 毫升为间隔的容量数据,但舍去了最后一位数字 0。然后,按顺序将每一个数据的最后一位数字放置到对应的行中。最后,再对"叶子"排序就可以绘制出一幅茎叶图了。

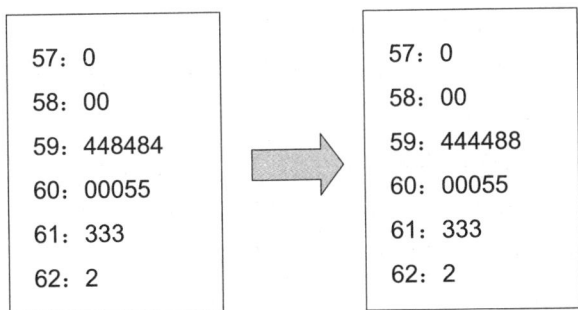

图 5-3 饮料容量茎叶图

这幅茎叶图中的第一行记录的就是数据 570，第二行记录的就是 2 个数据 580 和 580，第三行则记录了 6 个数据：4 个 594 和 2 个 598，以此类推。这个整理过程实际上就是将数据从小到大排列的过程。

用茎叶图表示数据有两个优点：一是统计图上没有原始数据信息的损失，所有数据信息都可以从茎叶图中得到；二是茎叶图中的数据可以随时记录，随时添加，方便记录与表示。但茎叶图只方便记录两组数据。

在统计学中还有很多形式的图形帮助人们揭示数据的秘密。例如，我们以瓶子的编号为横轴，以容量为纵轴，将上述 18 个数据绘制在平面直角坐标系中，再用直线顺次连接每一个点，得到的就是一幅折线图。如图 5-4 所示。

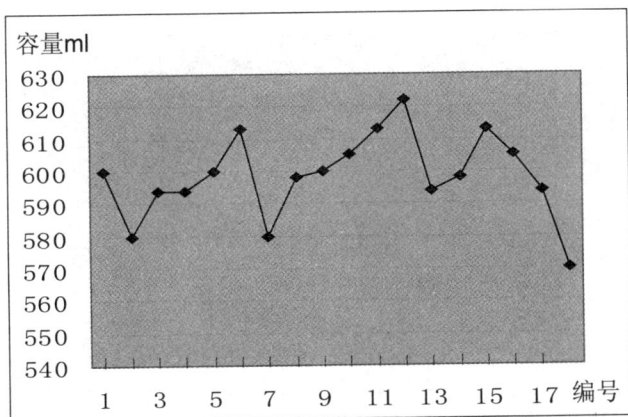

图 5-4 饮料容量折线图

折线图比表格中的数据要直观一些。从折线图中可以清晰地看出,每一瓶饮料的容量基本在某一范围内波动。尤其是数据 622 与 570 对应的数据点出现的波动更为突出。

一般情况下,折线图常用于显示随时间变化的数据。这时用时间表示横轴,用数据表示纵轴。它可以很好地体现数据的趋势。例如,我们可以收集小超市一周内某品牌饮料每天的销售量(如表 5 - 1)。用折线图就可以很好地体现出数据的变化趋势。如图 5 - 5 所示。

**表 5 - 1　小超市一周内某品牌饮料的日销售量**

| 星期 | 销售量(瓶) |
| --- | --- |
| 1 | 280 |
| 2 | 265 |
| 3 | 232 |
| 4 | 255 |
| 5 | 305 |
| 6 | 310 |
| 7 | 295 |

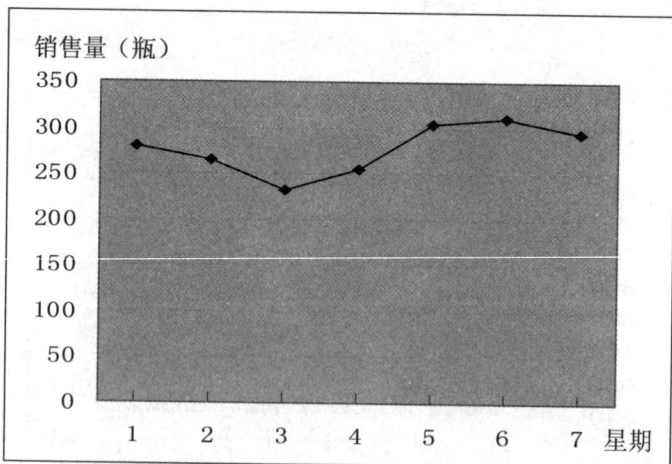

图 5 - 5　小超市一周内某品牌日销售量折线图

然而,有时人们希望可以知道符合厂商标注的容量占有多少比例,容量过少或过多的情况又占多大的百分比。此时,折线图就略逊一筹,而饼状图却可以更好地以百分比进行比较,更容易达到要求。

饼状图的作用就是将数据分为互有明显区别的几个组或几个类,再将圆形分割成几个扇形区域来表示,而且每一个扇形区域就代表一个组。例如,我们根据饮料容量的 18 个数据的频数分布表,将饼状图的圆形分成了 8 个扇形区域,每一个扇形区域都对应于一组数据,参看图 5 –6。

表 5 –2  饮料容量的频数分布表

| 容量 | 频数 |
|------|------|
| 570 | 1 |
| 580 | 2 |
| 594 | 4 |
| 598 | 2 |
| 600 | 3 |
| 605 | 2 |
| 613 | 3 |
| 622 | 1 |

只要计算出每一组的频数与数据总个数的商,就可以得到对应于每一组数据的百分比。而扇形区域的大小就表示这个组的数据占整体的百分比的多少。扇形区域越大说明这个组的百分比就越大。而且将所有扇形区域的百分比加起来,结果一定是 100%。

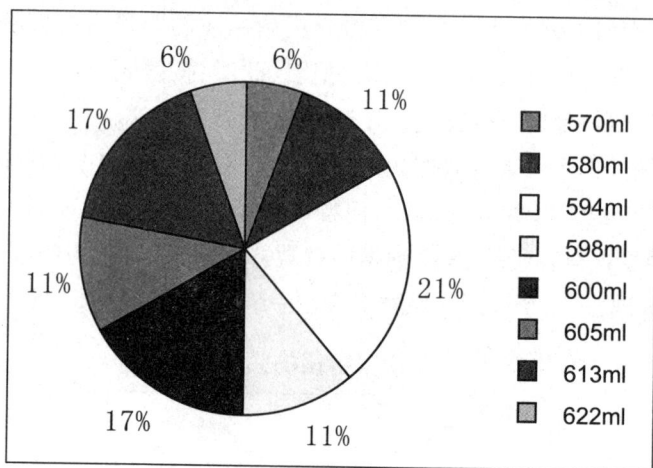

图 5-6  饮料容量饼状图

这张饼状图可以出色地体现这 18 瓶饮料容量的真实情况。对基本比例进行比较时,饼状图确实是有用的。通过与其他组的比较,很容一眼看出哪一个组具有较高的频数。

但饼状图也有使人困惑的时候。试想一下,如果饼状图中没有标示出各个扇形区域的百分比,对那些相差不多的扇形区域,你能仅靠肉眼判断它们是相等的还是不同的吗?因为角度与长度相比,比较起来难度会大一些,尤其是碰到扇形区域相差不多的时候,就更难分辨了。

而体现这种频数大小大致相同的数据的更好办法就是条形图。条形图像饼状图一样,可以帮助人们对相对大小进行比较,而且它更精确。对于各个类大致相同的情况,条形图是理想的图形。

条形图中每一个长方形的宽度都是相等的,分别代表不同的类,它的长度就代表对应类的某种数据。条形图可以根据不同的问题,选择绘制成垂直条形图或者水平条形图。

这里我们不妨将饮料的容量按照从小到大的顺序排列,这 8 组数据对应的垂直条形图如图 5-7 所示。

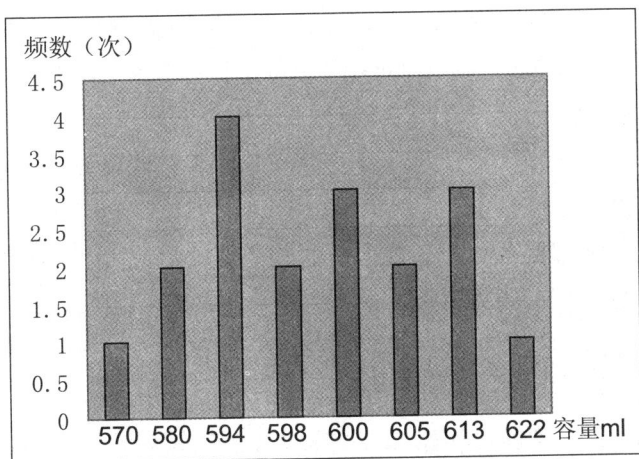

图 5-7　饮料容量条形图

　　条形图中的每一个长方形都代表一个特定的组,上图中的每一个长方形都代表着饮料的某一容量。另外,所有长方形的宽度都是相等的,而它的长度则代表某种数值,长方形越长,数值就越大。这里长方形的长度就代表的是容量出现的频数。要特别留意的是,由于条形图中横轴的每一个数据是孤立的,进而条形图中的长方形之间都是有间隔的。

　　对比于饼状图,条形图更便于精确地对相对大小进行比较。结合频数分布表格,很容易指出哪一组数据的频数最高,也很容易发现其中细小的差别。

你可以根据之前收集的全班同学身高的数据,绘制茎叶图、折线图、饼状图和条形图吗?

| 身高 | 158 | 167 | 159 | 160 | 162 | 161 |
|------|-----|-----|-----|-----|-----|-----|
| 频数 | 1 | 1 | 2 | 3 | 4 | 4 |

试一试,
你可以的!

数据分析的基石——统计

当然,除了折线图、饼状图、条形图,还有一种统计图也是应用十分广泛的,它就是直方图。但你要小心了,它可是与条形图长得十分相似的。

直方图又可分为频数直方图和频率直方图,所以大家要小心直方图中纵坐标的标示到底是什么。我们还是根据这18瓶饮料容量的数据,试着绘制一下,见一见直方图的真容吧。

第一步,我们要找出所给数据中的两个特殊值,最大值和最小值。不难发现:所给的18个数据中

最大值:622,

最小值:570。

第二步,我们要确定所给数据的极差,也就是最大值与最小值的差。这18个数据的极差就是

$$622 - 570 = 52。$$

第三步,确定组数。我们要将这18个数据进行分组,要求是:每一个数据只能属于其中的一组,也就是说组与组之间的界定不可混淆,数据的分组必须明确。好在饮料容量的数字不是太大,我们不妨选用10作为组距吧。由于$\frac{52}{10} = 5.2$,所以就将这18个数据划分为6组。

其实,这里有个小秘密。通常情况下,如果所给数据少于40个,划分的组数一般为6到8组。如果所给数据多于40个而少于100个时,划分的组数一般为7到10组。

第四步,确定每一组的分点。记得要保证每一个数据只能属于其中的一组啊。这里,我们采用了数学上的左闭右开的区间符号,表示左端点可以取到,而右端点是取不到的区间范围。

[565,575)　　[575,585)　　[585,595)

[595,605)　　[605,615)　　[615,625)

第五步,通过绘制频数分布表,清楚地体现出每一组中包含了几个数据。此时,每一小组中数据出现的次数就是频数。

| 分组 | 频数 |
|---|---|
| $[565,575)$ | 1 |
| $[575,585)$ | 2 |
| $[585,595)$ | 4 |
| $[595,605)$ | 1 |
| $[605,615)$ | 2 |
| $[615,625)$ | 2 |

第六步,有了频数分布表,就可以绘制频数分布直方图了。

当然还可以在直方图的基础上,通过取直方图各矩形上边的中点,然后在横轴上取两个频数为 0 的点,这两点分别与直方图左右两端的两个长方形的组中值相距一个组距,将这些点用线段依次联结起来,就得到了频数分布折线直方图,如图 5 - 8。

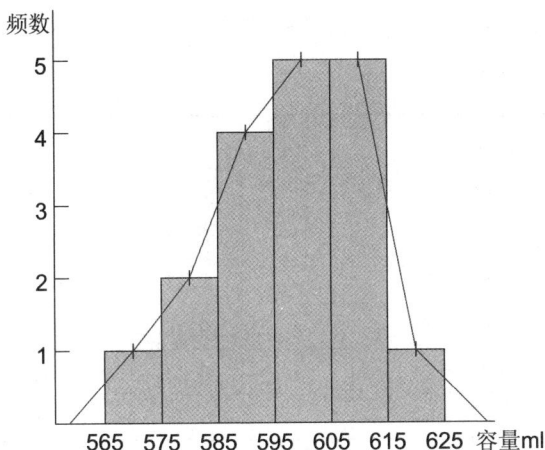

图 5 - 8 饮料容量的频数分布折线直方图

在直方图中,长方形表示饮料容量的分组,即长方形用来表示连续的数据分组。虽然直方图与条形图外观十分相似,但还是有着重大区别的。

☆ 区别一:直方图中的每个长方形高度表示频数。

☆ 区别二:直方图中的长方形之间是没有间隔的。

只要你掌握了频数直方图的绘制方法,接下来的频率分布直方图也就容易一些了,但你要擦亮眼睛,看清楚它们不一样的地方啊。

绘制频率分布直方图的前四个步骤与频数直方图是相同的。接下来的第五步,我们需要绘制的不再是频数分布表,而是频率分布表。其实,也就是在频数分布表中多添加一项:频率。(注意:频率均保留两位小数。)

| 分组 | 频数 | 频率 |
|------|------|------|
| $[565,575)$ | 1 | 0.06 |
| $[575,585)$ | 2 | 0.11 |
| $[585,595)$ | 4 | 0.22 |
| $[595,605)$ | 5 | 0.28 |
| $[605,615)$ | 5 | 0.28 |
| $[615,625)$ | 1 | 0.06 |

现在可以根据这张频率分布表绘制频率直方图了。但需要再在表格中添加一项——频率/组距。

| 分组 | 频数 | 频率 | 频率/组距 |
|------|------|------|-----------|
| $[565,575)$ | 1 | 0.06 | 0.006 |
| $[575,585)$ | 2 | 0.11 | 0.011 |
| $[585,595)$ | 4 | 0.21 | 0.021 |
| $[595,605)$ | 5 | 0.28 | 0.028 |
| $[605,615)$ | 5 | 0.28 | 0.028 |
| $[615,625)$ | 1 | 0.06 | 0.006 |

这时,特别特别要注意的是,频率直方图中的纵坐标标注的不再是"频数",而是"频率/组距"啊。

类似于频数分布折线直方图,再取各矩形上边的中点,将这些点用线段依次联结起来,就得到了频率分布折线直方图(如图 5 - 9 所示)。

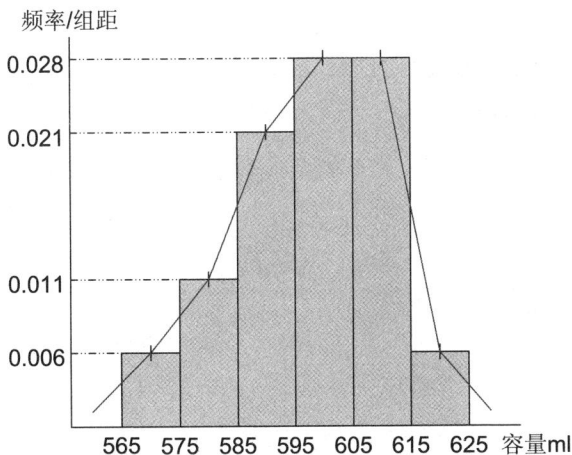

图 5-9 饮料容量的频率分布折线直方图

其实,频率直方图中的每一个小长方形都有特殊的含义。长方形的宽度代表的就是组距,例如上图中每一个小长方形的宽度为10,代表的就是组距。长方形的高度代表的是"频率/组距",所以每一个长方形的面积代表的就是每一组中数据出现的频率。那么如何得到频数呢?应该难不倒你吧! 而所有小长方形的面积之和一定为1。

你可以根据之前收集的全班同学身高的数据,绘制频数分布直方图和频率分布直方图吗?

试一试,
你可以的!

| 身高 | 158 | 167 | 159 | 160 | 162 | 161 |
| 频数 | 1 | 1 | 2 | 3 | 4 | 4 |

还记得先前的茎叶图吗?它和直方图有着内在的联系。茎叶图是一个与直方图相类似的特殊工具,但又与直方图不同,茎叶图保留原始资料

数据分析的基石——统计

的资讯,直方图则失去原始资料的讯息。将茎叶图的茎和叶按照逆时针方向旋转90度,得到的实际上就是一个直方图。可以从中统计出次数,计算出各数据段的频率或百分比。

虽然,每一种统计图展现的形式是不同的,但它们都是一个大家族的成员,各有用途。

亲爱的读者朋友们

让我们休息,休息一下!

# 第六章

# 统计图形里的秘密

　　可爱的小依依开心地说:"我有95%的信心可以画出任何一组数据的直方图,一点都不难。"那么,你是不是也经常听到这样的话:我只有一半机会打赢这场比赛,对手还是很有实力的;我买张彩票就能中500万头奖的可能性基本就是0,就不要奢望了。诸如此类。

　　仔细听听,这些言语中包含了千变万化的诸多可能,这些事件发生的可能性大小被人们称为概率,统计可是它的好朋友。

蓬蓬哥,什么叫做事件?事件的概率不是猜出来的吧,该怎么计算呢?它怎么又是"统计"的好朋友?

小依依,让我想一想,想一想啊!

　　日常生活中有很多问题都是很难给出正确无误的回答的。例如,你能

告诉我:你下次数学考试的成绩? 明天起床的准确时间? 7 点钟楼下公共汽车候车厅等车的人数? 显然,这些问题的结果都是很难预先确定的,是偶然的,很难给出准确的回答。

客观世界中,有些事情的发生是偶然的,而有些事情的发生则是必然的,偶然与必然之间往往有着某种内在的联系。例如,我们生活的城市一年四季的变化有着确定的、必然的规律,但一年中哪一天最热、哪一天最冷、哪一天雨量最大、哪一天降雪量最大又都是不确定的、偶然的。像这些人们无法事前预测结果的事件被称之为随机事件。

我们的生活中,有些事情不加考虑都知道它一定会发生或者不发生。就像太阳每一天都会从东方升起,西方落下。对于满分为百分的考试,无论我们怎样努力,也考不出 101 分的成绩。其中,一定会发生的事件称为必然事件,而一定不会发生的事件称为不可能事件。而必然事件与不可能事件统称为确定事件。

确定事件和随机事件统称为事件,一般用大写字母 $A$、$B$、$C$……表示。

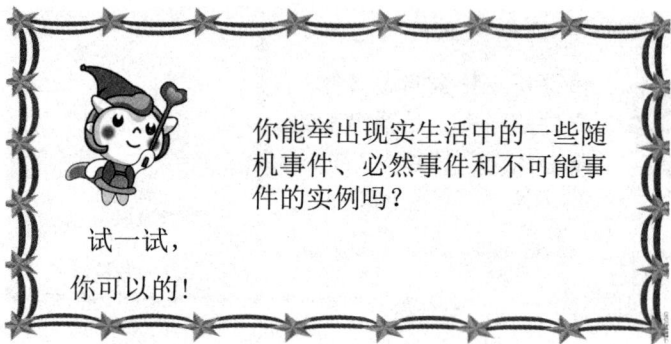

你能举出现实生活中的一些随机事件、必然事件和不可能事件的实例吗?

试一试,
你可以的!

这些随机事件发生的可能性可不是随便猜测就行的,经过人们长期努力将这种可能性的大小(也就是概率)用 0 到 1 之间的数字表示出来。很显然,必然事件发生的可能性是 100%,即必然事件的概率就是 1。而不可能事件发生的可能性是 0%,即不可能事件的概率就是 0。那么随机事件的概率又该如何确定呢? 在概率发展的历程上,统计知识的应用可是功不可没的。

抛掷一枚硬币,字面和花面出现的概率是多大呢?

想一想吧!

在抛掷一次硬币时的结果十分明了:字面或花面。但一次试验中到底是字面还是花面却无法预料。看来,每一次抛硬币的试验结果都是一个变量,称之为随机变量,一般用符号 $X$ 表示。如果出现的是字面,那人们也不能说字面出现的概率就是1,花面出现的概率就是0。仅就一次或少数几次实验而言,随机现象似乎带有偶然性或不确定性。只有经过长期的实践和研究后,才会发现在大量重复试验中的某种统计规律。

有很多人都会说抛掷一枚硬币,字面和花面出现的可能性各占一半,即字面与花面出现的概率都是0.5。这个结论可是统计学家们通过坚持不懈的努力工作得出的。统计学家们不断地增加抛掷硬币的次数,记录每一次抛掷字面出现的情况,计算字面出现的频率,从中分析隐藏的统计规律。

我们也不妨实际操作一下这个试验,体会其中隐藏的统计规律的奥妙吧。小蓬蓬拿出一枚硬币,做试验的操作员。小依依拿来纸笔,做试验的记录员。时间在不断地流逝着,小蓬蓬不断重复地抛掷这枚硬币,而小依依认真地记录着试验的次数,以及每一次试验中字面朝上的次数以及对应的频率,将这些结果绘制成了一张表格。

| 试验次数 | 抛硬币的次数 | 字面朝上的次数 | 字面朝上的频率 |
|---|---|---|---|
| 1 | 5 | 4 | 0.8 |
| 2 | 10 | 6 | 0.6 |
| 3 | 15 | 6 | 0.4 |
| 4 | 20 | 14 | 0.7 |
| 5 | 25 | 11 | 0.44 |
| 6 | 30 | 16 | 0.533333 |
| 7 | 35 | 18 | 0.514286 |
| 8 | 40 | 20 | 0.5 |
| 9 | 45 | 20 | 0.444444 |
| 10 | 50 | 20 | 0.4 |
| 11 | 55 | 26 | 0.472727 |
| 12 | 60 | 31 | 0.516667 |
| 13 | 65 | 30 | 0.461538 |
| 14 | 70 | 35 | 0.5 |
| 15 | 75 | 34 | 0.453333 |
| 16 | 80 | 38 | 0.475 |
| 17 | 85 | 43 | 0.505882 |
| 18 | 90 | 46 | 0.511111 |
| 19 | 95 | 56 | 0.589474 |
| 20 | 100 | 53 | 0.53 |

首先,我们通过不同试验次数中字面朝上的频数观察一下吧。由于抛一枚硬币出现的结果只有两个:字面或花面。为了便于数学表示,在统计中用数字代表出现的结果。例如,用数字0代表字面朝上,数字1代表花面朝上的实验结果。即是说,每一次试验的结果都可以用对应的数字来表示。那么,我们就可以用随机变量 $X=0$ 及 $X=1$ 分别代表字面朝上、花面

朝上这样两个随机事件。

当仅仅试验 5 次时,字面出现 4 次,而花面出现 1 次,字面与花面出现的次数差距较大。当试验增加到 30 次时,字面出现了 16 次,花面出现了 14 次,字面仅多出 2 次,基本各占一半。试验次数进一步增加至 100 次时,字面 53 次花面 47 次,也近似地呈现出各占一半的特点。

如果说频数还稍显朦胧,那我们不妨再利用统计图中的折线图更直观地观察一下:随试验次数的增加,字面朝上的频率的变化规律吧。

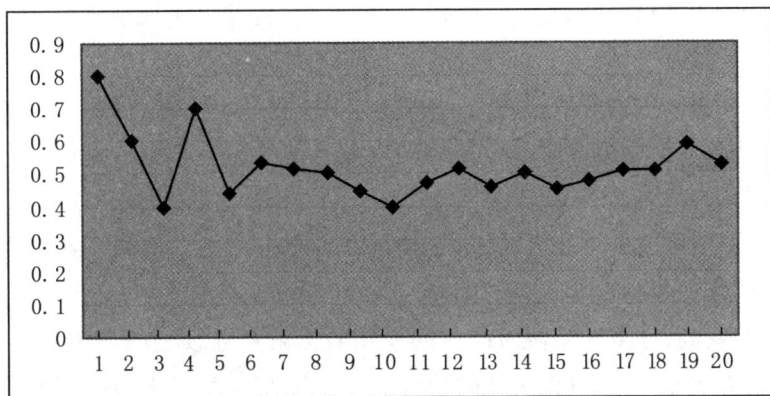

虽然每一次的试验中得到的字面朝上的频率都各不相同,而且波动也较大。但随着试验次数的不断增加,频率波动的幅度也逐渐减小,而且总在 0.5 的附近变动。

历史上,有不少统计学家、数学家如狄摩根、泊松等做过多次抛硬币的试验,他们操作的试验次数远远大于 100 次。

| 试验者 | 试验次数 | 字面向上次数 | 字面向上的频率 |
| --- | --- | --- | --- |
| 狄摩根 | 2048 | 1061 | 0.5181 |
| 普丰 | 4040 | 2048 | 0.5069 |
| 泊松 | 12000 | 6019 | 0.5016 |
| 泊松 | 24000 | 12012 | 0.5005 |

从收集的统计数据容易看出,随着试验次数的不断增加,字面向上的频率不断接近一个稳定的常数 0.5,这就是抛掷一枚硬币字面向上的概率,

可以用符号

$$p(X=0)=0.5$$
$$p(X=1)=0.5$$

表示。

　　换言之,频率有着更深层次的含义。当试验的次数越来越大的时候,频率就越来越接近于某一个常数,这个常数就称为概率。

　　先前收集到的饮料容量数据有一个特点,它们是由一个个单独的数值组成的。用个形象的表达方式来说,这些数据就像一块块垫脚石,人们只能从一个数据跳到另一个数据,每个数据之间都是有间隔的。通常将这样的数据称为离散型的。

　　然而,生活中很多时候收集到的数据却无法一一列举。例如,天气预报说明天的气温是 19 摄氏度到 29 摄氏度,这就是气温变化的一个范围。看一看温度计就可以知道,气温可不会从 19 摄氏度一下子跳跃至 29 摄氏度的,而是慢慢地爬升起来的。像这样的数据则被称为连续型的。再比如,你的身高、体重在某段时间内的变化数据就是连续型的。如果采用随机变量 $X$ 表示的话,气温变化的随机事件即为 $19 < X < 29$。那这个随机事件的概率 $P\{19 < X < 29\}$ 又该如何解决呢?

　　为了探究其中的奥秘,小蓬蓬和小依依对 10000 瓶饮料的容量逐一进行测量,得到了一大串数据。小蓬蓬拿起纸笔,罗列了数目庞大的饮料容量统计表(如表 6-1 所示),并和小依依一起绘制起频率分布直方图了。

### 表 6-1　饮料容量统计表

| 编号 | 容量 ml | 编号 | 容量 ml |
|---|---|---|---|
| 1 | 600 | 5001 | 599 |
| 2 | 601 | 5002 | 603 |
| 3 | 598 | 5003 | 599 |
| 4 | 599 | 5004 | 600 |
| ⋮ | ⋮ | ⋮ | ⋮ |
| ⋮ | ⋮ | ⋮ | ⋮ |
| 4999 | 600 | 9999 | 621 |
| 5000 | 600 | 10000 | 605 |

假设以 10 作为组距,绘制出这样的直方图,如图 6 - 1 所示。数据隐藏的信息显然比统计表要直观得多了吧。

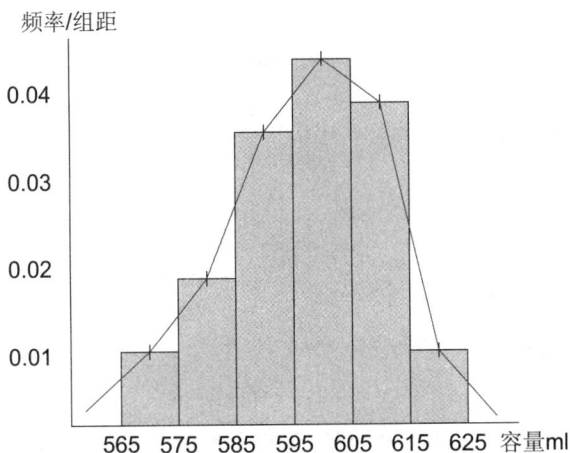

图 6 - 1

蓬蓬哥,如果直方图中的组距不断地减少,直方图又会出现怎样的变化呢?

小依依,让我想

一想,想一想啊!

数据分析的基石——统计

不妨先将组距减少为 5,看看直方图的情况吧。如果以 5 作为组距,绘

制出的直方图似乎更准确了一些,似乎更好地展现出数据隐藏的信息。如图 6-2 所示。

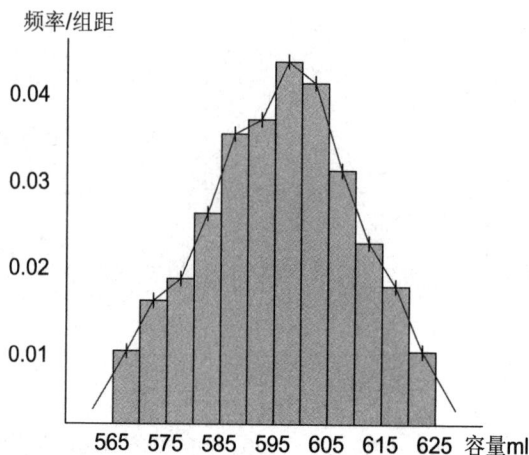

频率/组距

图 6-2

那不妨再准确一些,将组距减少为 3,试试看。如图 6-3 所示。

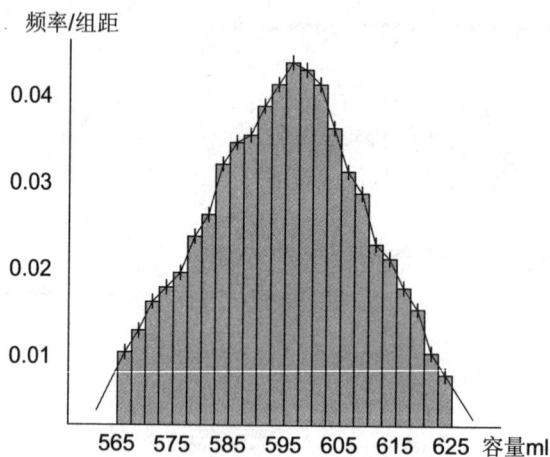

频率/组距

图 6-3

相比之下,这条折线好像变得平滑一些了,并且呈现出中间高两边低的特点。其实,如果我们将组距不断地减小下去,这条折线就会变得越来越平滑,渐渐地接近一条平滑曲线。而且这种中间高两边低的吊钟形特点也会越来越突出。从图中不难发现:这一批饮料中,大多数容量都分布在600ml 左右,即这个吊钟形的中间部分,而容量特别大(或小)的并不多,它们分布在吊钟形的两侧。

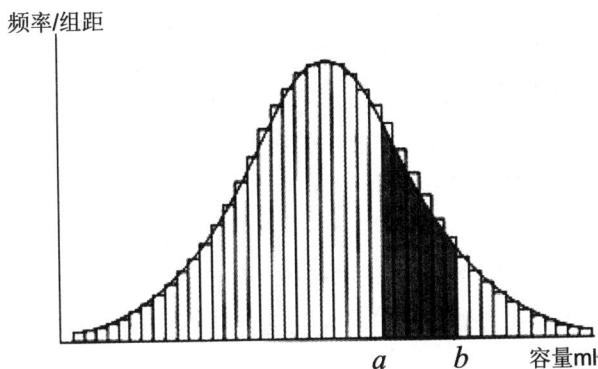

图 6 - 4

图 6 - 4 中的这条漂亮曲线就是直方图中的组距缩小至很小很小时的情况。这条曲线的函数表达式 $f(x)$ 有一个响当当的名字——概率密度函数。它的图像同频率分布直方图一样妙不可言。同频率分布直方图一样,曲线在 $(a,b)$ 范围内与横轴围成的阴影区域的面积就代表着对应事件的概率,可记为 $P\{a<X<b\}$。但这个阴影区域的面积可不是这么容易计算的,它需要应用到更多的数学知识。

概率密度函数的图像,理论上是具有各种形态的。下面我们就来了解一下其中一种最重要的概率密度函数图像吧。

其实,除了饮料容量的数据,像考试成绩、同学的身高、体重等等生活中的大部分情况,都可以绘制出类似于上述概率密度函数的图像。形如这种吊钟形的分布类型称为正态分布。之所以称为正态,是因为它的形态看起来是合乎理想的。毕竟,还是大多数的饮料容量是在600毫升附近,大多数的考生成绩在平均成绩附近,大多数同年级同学的身高和体重都是相差不多的。

正态分布具有吊钟形且对称的曲线,曲线中央部分的概率密度最大。

数据分析的基石——统计

越是靠近两侧,概率密度就越小,越接近于 0,但永远都不会达到 0。

正态分布正是通过参数 $\mu$(称为均值)和 $\sigma$(称为标准差)来定义。如果一个随机变量 $X$ 服从均值为 $\mu$、标准差为 $\sigma$ 的正态分布,就可以记为 $X \sim N(\mu, \sigma^2)$。而正态分布的概率密度函数比较复杂,如下所示:

$$f(x) = \frac{1}{\sqrt{2\pi}\sigma} e^{\frac{(x-\mu)^2}{2\sigma^2}}, x \in R$$

其中,符号 $e$ 就像圆周率的符号 $\pi$ 一样,代表的是一个无理数

$$e = 2.71828\cdots$$

表达式中的参数 $\mu$ 指出曲线的中央位置,决定了正态分布左右的位置(如图 6-5)。参数 $\mu$ 又称为对称轴,也可理解为均值。而参数 $\sigma$ 则指出曲线的集中程度,也就是标准差。参数 $\sigma$ 越大,正态分布的曲线就越宽、越扁平。参数 $\sigma$ 越小,正态分布的曲线就越窄、越陡峭(如图 6-6)。

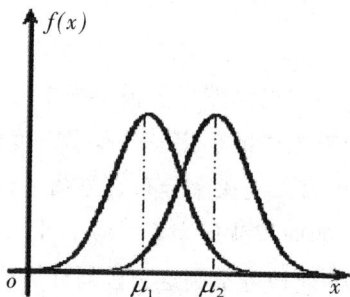

图 6-5

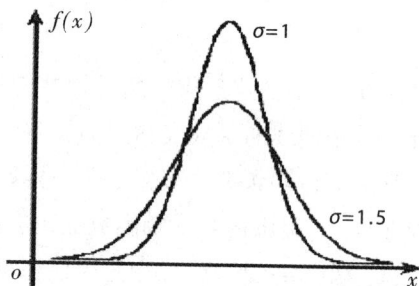

图 6-6

换言之,由于均值 $\mu$ 和标准差 $\sigma$ 的不同,正态分布的概率密度函数曲线会不断地发生变化。特别地,当正态分布的均值 $\mu = 0$、标准差 $\sigma = 1$ 时就称为标准正态分布。标准正态分布的概率密度函数用符号 $\varphi(x)$ 表示,则

$$\varphi(x) = \frac{1}{\sqrt{2\pi}} e^{\frac{x^2}{2}}, x \in R$$

还记得之前标准计分的公式吗?利用标准化的方法 $u = \frac{x-\mu}{\sigma}$ 就可以将任何一个正态分布转化为标准正态分布。正因为有了标准正态分布,阴影区域的面积即事件的概率 $P\{a < X < b\}$ 的计算就变得易如反掌了。

统计学家们专门为标准正态分布绘制了一张表格,起名为标准正态分布函数值表,如图6-7所示。

| $x$ | 0.00 | 0.01 | 0.02 | 0.03 | 0.04 | 0.05 | 0.06 | 0.07 | 0.08 | 0.09 |
|---|---|---|---|---|---|---|---|---|---|---|
| 0.0 | 0.5000 | 0.5040 | 0.5080 | 0.5120 | 0.5160 | 0.5199 | 0.5239 | 0.5279 | 0.5319 | 0.5359 |
| 0.1 | 0.5398 | 0.5438 | 0.5478 | 0.5517 | 0.5557 | 0.5596 | 0.5636 | 0.5675 | 0.5714 | 0.5753 |
| 0.2 | 0.5793 | 0.5832 | 0.5871 | 0.5910 | 0.5948 | 0.5987 | 0.6026 | 0.6064 | 0.6103 | 0.6141 |
| 0.3 | 0.6179 | 0.6217 | 0.6255 | 0.6293 | 0.6331 | 0.6368 | 0.6406 | 0.6443 | 0.6480 | 0.6517 |
| 0.4 | 0.6554 | 0.6591 | 0.6628 | 0.6664 | 0.6700 | 0.6736 | 0.6772 | 0.6808 | 0.6844 | 0.6879 |
| 0.5 | 0.6915 | 0.6950 | 0.6985 | 0.7019 | 0.7054 | 0.7088 | 0.7123 | 0.7157 | 0.7190 | 0.7224 |
| 0.6 | 0.7257 | 0.7291 | 0.7324 | 0.7357 | 0.7389 | 0.7422 | 0.7454 | 0.7486 | 0.7517 | 0.7549 |
| 0.7 | 0.7580 | 0.7611 | 0.7642 | 0.7673 | 0.7703 | 0.7734 | 0.7764 | 0.7794 | 0.7823 | 0.7852 |
| 0.8 | 0.7881 | 0.7910 | 0.7939 | 0.7967 | 0.7995 | 0.8023 | 0.8051 | 0.8078 | 0.8106 | 0.8133 |
| 0.9 | 0.8159 | 0.8186 | 0.8212 | 0.8238 | 0.8264 | 0.8289 | 0.8315 | 0.8340 | 0.8365 | 0.8389 |
| 1.0 | 0.8413 | 0.8438 | 0.8461 | 0.8485 | 0.8508 | 0.8531 | 0.8554 | 0.8577 | 0.8599 | 0.8621 |
| 1.1 | 0.8643 | 0.8665 | 0.8686 | 0.8708 | 0.8729 | 0.8749 | 0.8770 | 0.8790 | 0.8810 | 0.8830 |
| 1.2 | 0.8849 | 0.8869 | 0.8888 | 0.8907 | 0.8925 | 0.8944 | 0.8962 | 0.8980 | 0.8997 | 0.90147 |
| 1.3 | 0.90320 | 0.90490 | 0.90678 | 0.90824 | 0.90988 | 0.91140 | 0.91309 | 0.91466 | 0.91621 | 0.91774 |
| 1.4 | 0.91924 | 0.92073 | 0.92220 | 0.92364 | 0.92507 | 0.92647 | 0.92785 | 0.92922 | 0.93056 | 0.93189 |
| 1.5 | 0.93319 | 0.93448 | 0.93574 | 0.93699 | 0.93822 | 0.93943 | 0.94062 | 0.94179 | 0.94295 | 0.94408 |
| 1.6 | 0.94520 | 0.94630 | 0.94738 | 0.94845 | 0.94950 | 0.95053 | 0.95154 | 0.95254 | 0.95352 | 0.95449 |
| 1.7 | 0.95543 | 0.95637 | 0.95728 | 0.95818 | 0.95907 | 0.95994 | 0.96080 | 0.96164 | 0.96246 | 0.96327 |
| 1.8 | 0.96407 | 0.96485 | 0.96562 | 0.96638 | 0.96712 | 0.96784 | 0.96856 | 0.96926 | 0.96995 | 0.97062 |
| 1.9 | 0.97128 | 0.97193 | 0.97257 | 0.97320 | 0.97381 | 0.97441 | 0.97500 | 0.97558 | 0.97615 | 0.97670 |

图6-7 部分标准正态分布函数值表

通过标准正态分布函数值表,可以方便地查找事件 $X < x$ 的概率 $P\{X < x\}$,也即是图6-8中阴影区域的面积。在标准正态分布中,概率 $P\{X < x\}$ 又可表示为 $\Phi_0(x)$,即

$$P\{X < x\} = \Phi_0(x)$$

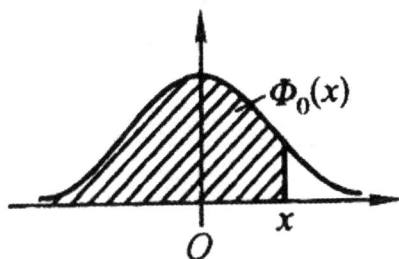

图6-8

例如,将事件 $X < 0.95$ 中的 0.95 视为 0.9 与 0.05 两个部分的和,首先在标准正态分布函数值表的第一列中找到 0.9 所在的行,然后在表格中的第一行找到 0.05 所在的列,它们的交叉位置的数字 0.8289 就是所求的结果。

$$P\{X < 0.95\} = \Phi_0(0.95) = 0.8289$$

又如，将事件中的 $X < 1.96$ 视为 1.9 与 0.06 两个部分的和，首先在标准正态分布函数值表的第一列中找到 1.9 所在的行，然后在表格中的第一行找到 0.06 所在的列，它们的交叉位置的数字 0.97500 就是所求的结果。

$$P\{X < 1.96\} = \Phi_0(1.96) = 0.97500$$

正像标准正态分布表所呈现的那样，它只能直接查找事件 $X < x$ 的概率。但仔细观察，标准正态分布曲线与横轴围成的区域面积为 1，进而就可以计算事件 $X > x$ 的概率。

$$P\{X > x\} = 1 - \Phi_0(x)$$

又因为标准正态分布曲线的对称轴恰好就是纵轴，那么关于纵轴对称的区域面积应该是相等的（如图 6-9），所以

$$\Phi_0(-x) = 1 - \Phi_0(x)$$

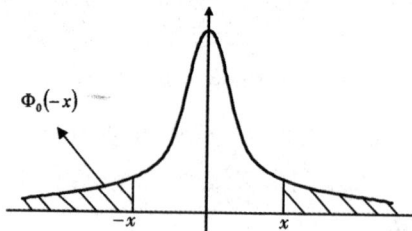

图 6-9

大家再思考一下，就可以得到事件 $a < X < b$ 的概率：

$$P\{a < X < b\} = \Phi_0(b) - \Phi_0(a)$$

你会查标准正态分布函数值表了吗？

$$\Phi_0(0.83) = \underline{\hspace{3cm}}$$

$$\Phi_0(-1.79) = \underline{\hspace{3cm}}$$

$$P\{0.6 < X < 1.92\} = \underline{\hspace{3cm}}$$

试一试

你可以的！

肯定难不倒大家的。只要对照一张标准正态分布函数值表，如图 6 -
7，就可以查出：

$$\Phi_0(0.83) = 0.7967$$

$$\Phi_0(-1.79) = 1 - \Phi_0(1.79) = 1 - 0.96327 = 0.03673$$

$$\{0.6 < x < 1.92\} = \Phi_0(1.92) - \Phi_0(0.6)$$

$$= 0.97257 - 0.5239 = 0.44867$$

请你自己动手试试。

要想要编写出任何一个正态分布 $N(\mu, \sigma^2)$ 的函数值表是十分困难的，
所以统计学家们想出了一个好方法——标准化的方法

$$u = \frac{x - \mu}{\sigma}$$

来解决这个困难。运用这个数学技巧就可以将任何一个正态分布的函数
值问题转化为标准正态分布的函数值问题。例如，倘若随机变量 $X$ 服从某
个正态分布 $N(\mu, \sigma^2)$，那么事件 $a < X < b$ 的概率 $P\{a < X < b\}$ 就是：该正态
分布的概率密度函数 $f(x)$ 与横轴围成的阴影区域面积。求得这个事件的
概率 $P\{a < X < b\}$ 就变得易如反掌了。

还记得不等式的运算有哪些性
质吗？它们可是正态分布标准
化的好帮手啊！

想一想吧！

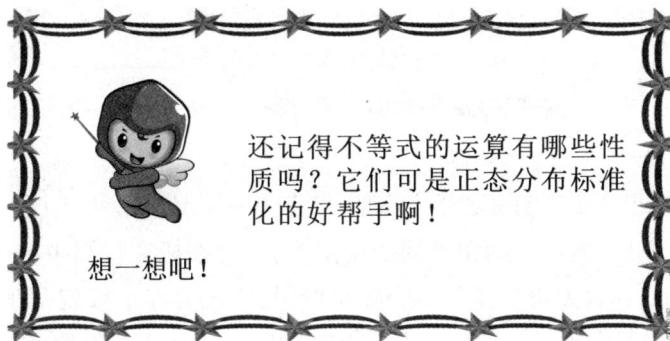

只要对事件 $a < X < b$ 作相应的不等式变形就可以了。不等式 $a < X < b$
的两边同时减去均值 $\mu$，然后再同时除以标准差 $\sigma$。这不就是标准计分的
方法吗？

例如，

$$P\{a < X < b\} = P\left\{\frac{a-\mu}{\sigma} < X < \frac{b-\mu}{\sigma}\right\}$$

$$= \Phi_0\left(\frac{b-\mu}{\sigma}\right) - \Phi_0\left(\frac{a-\mu}{\sigma}\right)$$

假设随机变量 $X$ 服从均值 $\mu = 2$、标准差 $\sigma = 1$ 的正态分布，即 $X \sim N(2,1)$，那么事件 $3 < X < 3.5$ 的概率就可以这样解决。

$$P\{3 < X < 3.5\} = P\left\{\frac{3-2}{1} < X < \frac{3.5-2}{1}\right\}$$

$$= \Phi_0(1.5) - \Phi_0(1)$$

$$= 0.93319 - 0.8413$$

$$= 0.09189$$

如果 $X \sim N(\mu, \sigma^2)$，你还可以解决同样的问题吗？

$$\Phi_0(0.83) = \underline{\hspace{3cm}}$$

$$\Phi_0(-1.79) = \underline{\hspace{3cm}}$$

$$P\{0.6 < X < 1.92\} = \underline{\hspace{3cm}}$$

试一试，
你可以的！

其实，正是由于德国数学家高斯（C. F. Gauss, 1777—1855）在天体观测及大地测量时，被产生的误差问题所困扰，于是在研究过程中导出了误差函数。而这一误差恰好就是一个随机变量，它的分布恰好就是正态分布。高斯在其著作《最小二乘法的误差理论的基础》中研究了这种分布的性质。因此，后人又称正态分布为高斯分布。

高斯 高尔顿

而最早认识到正态分布重要意义的是英国统计学家高尔顿（F. Galton，1822—1911），他认识到正态曲线所反映的是分布的类型，而不是当时一般人所理解的"误差"的类型。

从正态分布的概率密度函数曲线可以查表得出随机变量 $X$ 在区间 $(\mu-\sigma,\mu+\sigma)$、$(\mu-2\sigma,\mu+2\sigma)$、$(\mu-3\sigma,\mu+3\sigma)$ 内的概率。

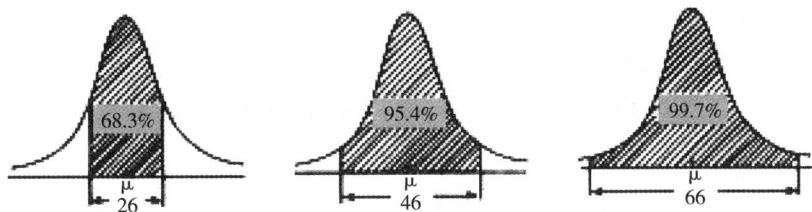

表 6-2 $3\sigma$ 原则

| 区间 | 概率 |
|---|---|
| $(\mu-\sigma,\mu+\sigma)$ | 0.683 |
| $(\mu-2\sigma,\mu+2\sigma)$ | 0.954 |
| $(\mu-3\sigma,\mu+3\sigma)$ | 0.997 |

数据分析的基石——统计

通过表 6 - 2 可以发现:随机变量 $X$ 的取值落入区间 $(\mu - 3\sigma, \mu + 3\sigma)$ 的概率为 0.997。这可是一个十分接近 1 的值,它说明该区间 $(\mu - 3\sigma, \mu + 3\sigma)$ 已经包含了尽可能多的情况了。也有人称其为 $3\sigma$ 原则。

这一原则使得正态分布在产品质量控制中的应用非常广泛。例如,饮料集团在生产饮料时,饮料容量 $X$ 一般服从 $N(\mu, \sigma^2)$ 分布。那么,饮料容量在区间 $(\mu - 3\sigma, \mu + 3\sigma)$ 以外的情况仅仅有 0.003 的概率。换言之,如果每抽取 1000 瓶饮料,仅仅有 3 瓶没有达到要求,属于不合格产品。当然也可以这样理解,在一批饮料中随机抽取一瓶的话,饮料容量在区间 $(\mu - 3\sigma, \mu + 3\sigma)$ 以外是几乎不可能发生的。一旦这种事情发生了,人们就有理由认为饮料生产的过程中出现了异常情况。可能是生产线出现了问题,或者工艺规程不完善、又或者是工人在操作过程中精力不集中等等原因造成的。所以,厂商就十分有必要停机检查,找出原因,以保证饮料的生产过程能够重新控制在一种正常状态,从而避免生产出更多的不合格品。只有这样才能保证产品的质量。这恰好就是运用统计方法进行产品质量控制的基本思想。

亲爱的读者朋友们
让我们休息,休息一下!

# 第七章

# 正确数据从何而来

你是不是通过报纸或者电视新闻,经常看到或是听到这样一些信息。2011 年大学应届毕业生的就业率达到 99.5%。美国总统选举的支持率达到 57%。这些数据是打哪来的呢?

曾有这样一个著名的案例,不断地提醒人们抽样方法的重要性。在 1936 年美国总统选举前,一份颇有名气的杂志(Literary Digest)的工作人员做了一次民意测验。调查兰顿(A. Landon)(当时任堪萨斯州州长)和罗斯福(F. D. Roosevelt)(当时的总统)中谁将当选下一届总统。为了了解公众意向,调查者通过电话簿和车辆登记簿上的名单给一大批人发了调查表。通过分析收回的调查表,发现兰顿非常受欢迎,于是该杂志预测兰顿将在选举中获胜。

可实际选举结果正好相反,最后罗斯福在选举中获胜,其数据如下:

| 候选人 | 预测结果% | 选举结果% |
| --- | --- | --- |
| 罗斯福 | 43 | 62 |
| 兰顿 | 57 | 38 |

造成杂志预测结果出错的原因是什么呢? 要知道,在 1936 年的美国,能够拥有电话和汽车的只是少数富人而已。这些少数人又怎么可以代表全美国选民的意愿呢?

由此可见,数据获取的来源和方式是十分重要的。

小依依看着收集到的 18 瓶饮料容量的数据,心中产生一个疑问:我们

购买的 18 瓶饮料近一半都没有达到 600 毫升,厂商貌似有欺骗消费者的嫌疑,应该把这个信息反馈给饮料的生产商。那么,饮料集团的 CEO 接收到这个反馈意见后,又该如何解决这个问题呢?

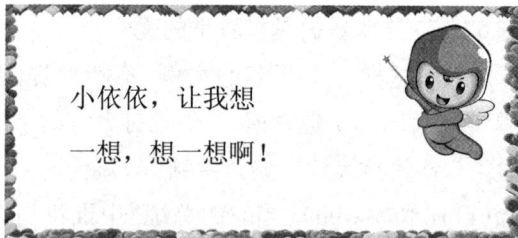

蓬蓬哥,如果你是这个饮料集团的CEO,你会怎么办呢?

小依依,让我想一想,想一想啊!

　　假设我是 CEO 的话,我会首先弄清楚要解决的问题是什么,因为它会直接影响研究对象的确定。既然消费者质疑集团生产的 600 毫升四种口味的瓶装饮料,那我就研究针对橙汁、酸杨梅、蓝莓和水晶葡萄这四种口味的瓶装饮料,认真调查一下瓶装饮料的容量是否是 600 毫升,给消费者一个明确的答复。

　　接来下,我这个 CEO 要投入多大的人力、物力、时间到这样的调查研究中呢? 如果真的要测量集团生产的所有这四种口味的 600 毫升瓶装饮料,那么就要采用普查的方式了。采用统计术语来表达的话,集团生产的所有这四种口味的 600 毫升瓶装饮料就称为总体,对总体进行研究或调查就称为普查。其中,每一瓶饮料就称为个体。

　　统计学上的总体指的是准备对其进行测量、研究或分析的整个群体或所有对象,可以是人,也可以是动物或者其他事物,每一个对象就是个体。

你参与过我们国家的人口普查吗？人口普查中的总体是什么？个体又是什么呢？

想一想吧！

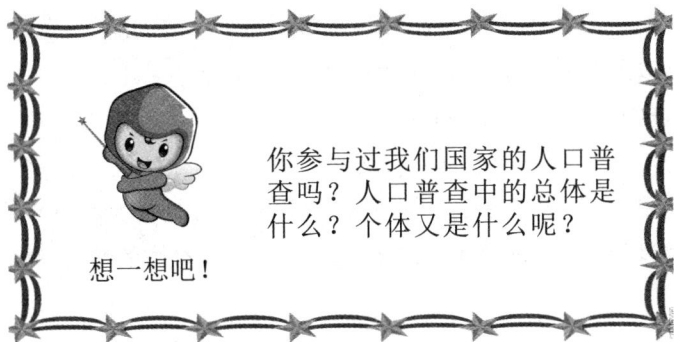

普查可以给出关于总体的准确信息，但并不是任何情况下都切实可行。因为当总体很大很大时，就很难对每一个对象进行研究了。毕竟每一瓶被品尝过的饮料都没办法再出售了，对饮料集团造成的损失是不可估量的。倘若要调查灯泡的寿命，我们总不能将所有的灯泡都点亮直到它坏掉，这种具有破坏性的调查当然不可取。

有谚语说："你不必吃完整头牛，才知道肉是老的。"也就是说，不需要调查所有生产出的饮料也可以弄清楚消费者的喜好的。我们只需要选择一部分用以代表所有饮料这个总体就好了。此时，调查花费的时间、经费都比较低，比普查更切实可行。为了叙述方便，不妨就选择其中的 50 瓶饮料作为代表进行研究吧。我们称从所有饮料里选取出的 50 瓶饮料是一个容量为 50 的样本。

准确地说，从总体中选取的部分对象就称为一个样本。样本中个体的个数就称为样本容量。

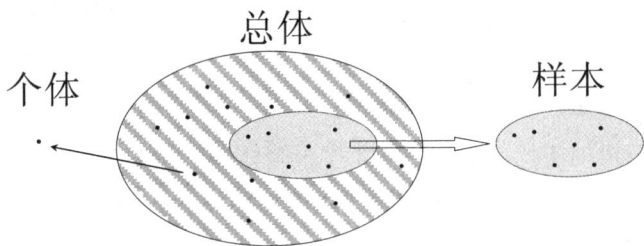

个体　　　　总体　　　　样本

由于样本的选择会受到人为因素的影响而有偏差,而"有偏"的样本是无法有效反映总体信息的,不能帮助人们解决问题。就像兰顿竞选总统时,调查的对象就是些"有偏"的样本。所以,要选择出一个尽可能符合总体的样本。如果样本具有代表性,就表示样本具有与总体十分相似的特征。因此,只要我这个 CEO 可以找到有代表性的某些 600 毫升容量的瓶装饮料,就可以通过这些样本的信息预测出总体的情况,作出合理的决策了。

蓬蓬哥,怎样才能选择出具有代表性的样本呢?

小依依,让我想一想,想一想啊!

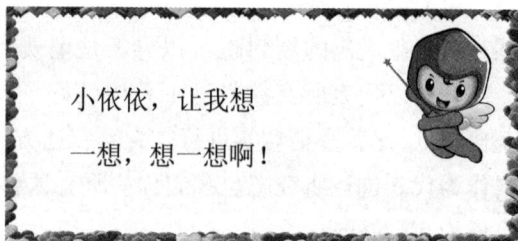

一种做法是随机选取样本。简单一点吧,假设集团每天可以生产 10000 瓶饮料作为总体,从 10000 瓶饮料中逐个不放回地抽取 50 瓶作为样本,50 就称为样本容量。由于每一瓶饮料被人们选中的机会都是一样的。这就是一个简单随机抽样的过程。

简单随机抽样就是从一个包含 $N$ 个个体的总体中,逐个不放回地抽取 $n$ 个个体作为样本,但要保证每次选取时总体内的各个个体被抽到的机会都是相等的。

其中,最常用的简单随机抽样有两种方法——抽签法和随机数法。

如果班里有50名学生,可是只有6名同学才能参加座谈会。一般老师会组织大家分别把自己的名字写在小纸条上,然后把这些纸条放到一个盒子里,晃一晃摇一摇,在从中抽出6张小纸条,公布上面的名字。这是我们通常采用的抓阄抽签方法。

还有细心的人们会发现:为了保护我们这个美丽的星球,保护我们生活的环境,为了人们出行的方便和通畅,越来越多的城市对私家车进行了限制,采取的摇号方法也是抽签的一种形式。

抽签就是把抽样空间中的成员的名字或编号写在纸上或者小球上,然后将这些纸条或小球全部放入一个容器,搅拌均匀后,每次只能从中抽取一个,连续抽取 $n$ 次就可以得到一个容量为 $n$ 的样本。

抽签法简单易行,当总体的个体数不多时,使总体处于"搅拌均匀"的状态比较容易。这时,每个个体有均等的机会被抽中,从而能够保证样本的代表性。

试想一下,如果我们将摇号机里放了很多很多这样的小球,摇号机会是怎样的工作状态呢? 如下图所展示的那样,如果总体中的个体数非常多,将总体"搅拌均匀"就比较困难。此时用抽样法产生的样本代表性就相对较差,甚至可能会带来严重的后果。

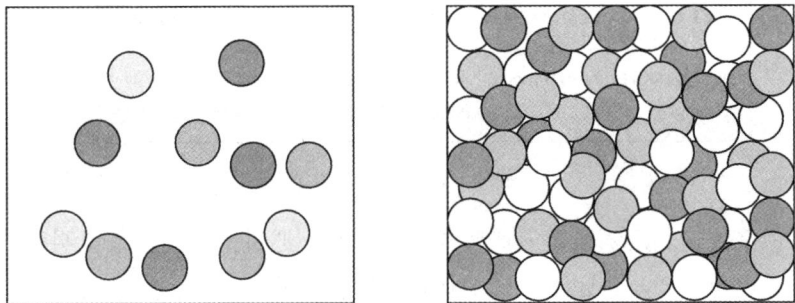

哪个更容易搅拌均匀

简单随机抽样中常被采用的另一种的方法是随机数法,就是利用随机数表、随机数骰子或计算机产生的随机数进行抽样。我们用随机数表来抽

样试一试。

先介绍一下随机数表吧。随机数表是由数字 0、1、2、3、4、5、6、7、8、9 组成，就像图 7 - 1 所展示的那样。只不过有一个严格的要求，这九个简单的数字在表中各个位置出现的机会必须都是一样的。

```
96 76 28 12 54    22 01 11 94 25    71 96 16 16 88    68 64 36 74 45    19 59 50 88 92
43 31 67 72 30    24 02 94 08 63    88 32 36 66 02    69 36 88 25 39    48 08 45 15 22

50 44 66 44 21    66 06 58 05 62    68 15 54 35 02    42 35 48 96 32    14 52 41 52 48
22 66 22 15 86    26 63 75 41 99    58 42 36 72 24    58 37 52 18 51    03 37 18 39 11
96 24 40 14 51    28 22 30 88 57    95 67 47 29 88    94 69 40 06 07    18 16 36 78 86
31 73 91 61 19    60 20 72 98 48    98 57 07 28 69    65 95 39 69 58    56 80 30 19 44
78 60 73 99 84    43 89 94 36 45    56 69 47 07 41    90 22 91 07 12    78 35 34 08 72

84 37 90 61 56    70 10 23 98 05    85 11 34 76 60    76 48 45 34 60    01 64 18 39 96
36 67 10 08 23    98 93 35 08 86    99 29 76 29 81    88 34 91 58 93    63 14 52 32 52
07 28 59 07 48    89 64 58 89 75    83 85 62 27 89    30 14 78 56 27    86 63 59 80 02
10 15 83 87 60    79 24 31 66 56    21 48 24 06 93    91 98 94 05 49    01 47 59 38 00
55 19 68 97 65    03 73 52 16 56    00 58 55 90 27    33 42 29 38 87    22 13 88 83 34

53 81 29 13 39    35 01 20 71 34    62 33 74 82 14    53 73 19 09 03    56 54 29 56 93
51 86 32 68 92    33 98 74 66 99    40 14 71 94 58    45 94 19 33 81    14 44 99 81 07
35 91 70 29 13    80 03 54 07 27    96 94 78 32 66    50 95 52 74 33    13 80 55 62 54
37 71 67 95 13    20 02 44 95 94    64 85 04 05 72    01 32 90 76 14    53 89 74 60 41
93 66 13 83 27    92 79 64 64 72    28 54 96 53 84    48 14 52 98 94    56 07 93 39 30

02 96 08 45 65    13 05 00 41 84    93 07 54 72 59    21 45 57 09 77    19 48 56 27 44
49 83 43 48 35    82 88 33 69 96    72 36 04 19 76    47 45 15 18 60    82 11 08 95 97
84 60 71 62 46    40 80 81 30 37    34 39 23 05 33    25 15 35 71 30    88 12 57 21 77
18 17 30 88 71    44 91 14 88 47    89 23 30 63 15    56 34 20 47 89    99 82 93 24 93
79 69 10 61 78    71 32 76 95 62    87 00 22 58 40    92 54 01 75 25    43 11 71 99 31
```

图 7 - 1    部分随机数表

那么如何利用随机数表产生样本呢？我们通过一个例子来说明吧。

假设我们要从集团生产的 10000 瓶饮料中抽取 50 瓶进行试验，只要按照下面的步骤就可以利用随机数表抽取样本了。

★ 第一步：先将 10000 瓶饮料编号，不妨编为 00000、00001、00002、…、09999；

★ 第二步，在随机数表中任意选取一个数，不妨假设选择的是数字 5。

★ 第三步,从选定的数字 5 开始向右,得到一个五位数 56701,由于 56701＞09999,说明号码不在总体内,要将它去掉;继续向右读,得到 02398,由于 02398＜09999,号码在总体内,就可将该号码对应的饮料取出; 继续向右看一看,接下来的四位数 05851 也在总体内,因为 05851＜09999, 也将它取出。按照这种方法继续向右读,一直到得到样本的 50 个号码。

当然,在随机数表中也可以根据自己的喜好,选择上下左右的任何一 个方向执行最后的工作。

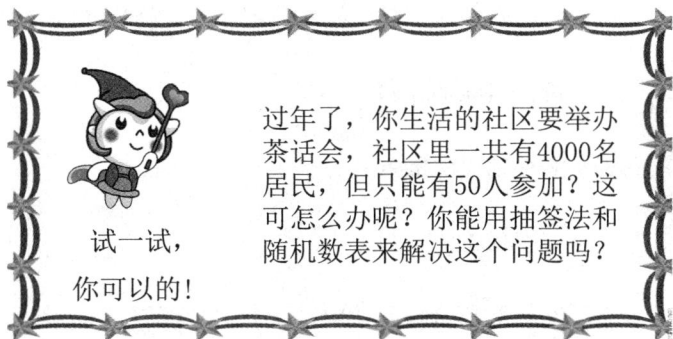

过年了,你生活的社区要举办茶话会,社区里一共有4000名居民,但只能有50人参加? 这可怎么办呢? 你能用抽签法和随机数表来解决这个问题吗?

试一试,你可以的!

简单随机抽样的操作很容易学会吧。

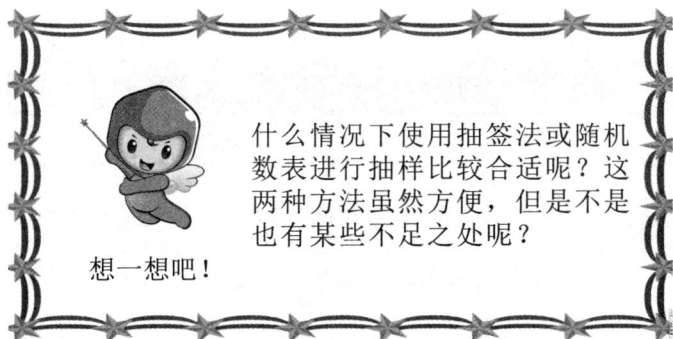

什么情况下使用抽签法或随机数表进行抽样比较合适呢? 这两种方法虽然方便,但是不是也有某些不足之处呢?

想一想吧!

抽签法和随机数表也仅仅是在个体总数不多的情况下行之有效。当

数据分析的基石——统计

总体个数很多的时候,对个体编号的工作量太大了,而且想要"搅拌均匀"也是非常的困难。即使是使用随机数表也不是很方便、很快捷。

所以为了随机抽样操作上的方便快捷,在保证样本代表性的前提下,我们还可以采用系统抽样方法。

首先,将这10000瓶饮料排好。接下来就要确定抽样时的分段间隔了,你可以选择每隔50瓶或是100瓶饮料抽取一次。例如,倘若从传送带上的第三瓶饮料开始抽样,每隔10瓶饮料抽取一次,这就可以得到一个系统抽样的样本了。

为了方便表示,我们不妨用以下符号分别表示4种口味的饮料。

" ● "表示橙汁口味的饮料,

" ▲ "表示酸杨梅口味的饮料,

" ★ "表示蓝莓口味的饮料,

" ⬡ "表示水晶葡萄口味的饮料。

那么,系统抽样的过程就可以这样直观地表示。

每隔10瓶抽取一次

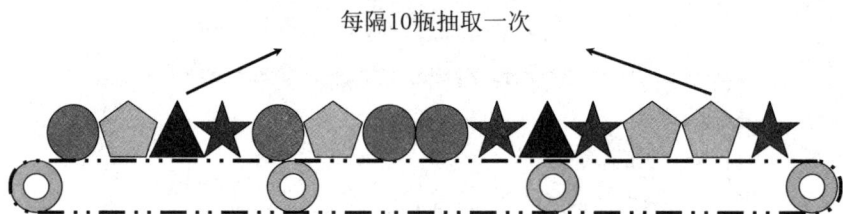

一般地,当总体中的个体数 $N$ 与样本容量 $n$ 的商是整数时,就可以取分段间隔 $k = \dfrac{N}{n}$。当我们利用简单随机抽样的方法在第一段里确定第一个个体编号 $l$ 时,只要在个体编号 $l$ 加上间隔 $k$,就可以得到第二个个体编号 $l + k$,再加上 $k$ 得到第三个个体编号 $l + 2k$,依次类推,就可以得到整个样本。

难道系统抽样总是万无一失的?它就不会失误吗?

想一想吧!

其实,设计抽样方法最核心的问题是要考虑如何使得抽取到的样本具有较好的代表性。系统抽样方法得到的样本也有一个重大缺陷。如果总体中存在某种循环模式的话,抽取到的样本就会有偏差,无法有效地代表总体了。比如说,传送带上的饮料总是每隔 10 瓶就是橙汁,那么最终抽取到的饮料就都是橙汁了,无法体现集团生产的各种口味产品。那么又该如何解决这个困难呢?

有人想到了这样一个办法,将集团生产的饮料按照不同口味分成几个组,橙汁一组、酸杨梅一组、蓝莓一组、水晶葡萄一组,统计上称为"层"。然后,在每一个"层"上进行简单随机抽样,最后汇集在一起就构成了一个样本。

假设集团生产的 10000 瓶饮料中,橙汁 2800 瓶、酸杨梅 2200 瓶、蓝莓 2400 瓶、水晶葡萄 2600 瓶。然后,我们要从 10000 瓶饮料中抽取 50 瓶,这个比例就是 $\frac{1}{200}$。然后,按照这个比例从每一个层中再进行随机简单抽样。

也就是说,

橙汁饮料"●"要抽取 $2800 \times \frac{1}{200} = 14$ 瓶,

酸杨梅饮料"▲"抽取 $2200 \times \frac{1}{200} = 11$ 瓶,

蓝莓饮料"★"抽取 $2400 \times \dfrac{1}{200} = 12$ 瓶，

水晶葡萄饮料"⬡"抽取 $2600 \times \dfrac{1}{200} = 13$ 瓶，

分层

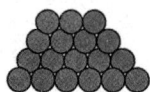 2800      

 2200

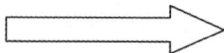 按1:200抽样

 2400      

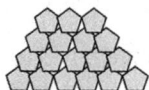 2600      

这个过程就是统计学上的分层抽样。

一般地，在抽样时，将总体分成互不交叉的层，然后按照一定的比例，从各层独立地抽取一定数量的个体，将各层取出的个体合并在一起作为样本，这种抽样方法叫做分层抽样。

分层抽样利用了调查者对调查对象事先所掌握的各种信息，并充分考虑了保持样本结构与总体结构的一致，这对提高样本的代表性是非常重要的。所以，分层抽样在实际中有着非常广泛的应用。通常，当总体是由差异明显的几个部分组成时，往往选用分层抽样的方法。

试一试，
你可以的！

如果社区的4000名居民中，有1600位老人，1600位中青年，还有800名儿童。怎样才能更好地听到他们的想法呢？你能利用分层抽样解决这个问题吗？

在现实生活中，由于资金、时间、人力、物力等各方面因素的影响，作普查往往是不可能的。因此，我们一般是把数据的收集限制在总体的一个样本上。由于总体的复杂性，在实际抽样中，为了使样本具有代表性，通常要同时使用几种抽样方法。

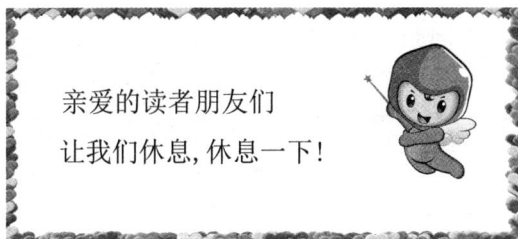

亲爱的读者朋友们
让我们休息，休息一下！

数据分析的基石——统计

# 第八章

# 部分可以代表整体吗

在抽样方法的帮助下,聪明的小蓬蓬得到了饮料总体的一个样本,但依然没有回答可爱的小依依心中的质疑:集团生产的每一瓶饮料是否都是 600 毫升呢?

其实,小依依的困惑用统计学的术语来说,就是抽样得到的样本信息如何"真实"地代表总体的信息。这就需要人们去"猜一猜"、"估一估"了。为了便于说明估计的方法,小蓬蓬建议:假设收集到的 18 瓶饮料容量的数据是随机抽样后得到的一个有效的样本。

蓬蓬哥, 既然有了样本, 可样本只是很少很少的一部分, 该如何利用样本信息去估计总体的信息呢?

小依依, 让我想一想, 想一想啊!

现在面临的实际问题是：虽然可以认为饮料容量的总体是服从正态分布 $N(\mu,\sigma^2)$ 的，但还有很多总体的信息不知道，可能是均值 $\mu$ 不知道，又或者是标准差 $\sigma$ 不知道，它们通常又被人们称为总体的参数。一般来说，这两个参数都是很难通过总体计算来得到的。

试想一下，全部测量集团生产的所有 600 毫升瓶装饮料的真实容量，可是一个好大的工程。况且总不能把测量容量后的饮料再装瓶出售吧，这可不太卫生。因此，总体的这些参数就只能依靠人们合理的估计，也就是通过随机抽样得到的样本数据来估计了。

统计学上发明了一个符号"∧"，用来表示总体参数的估计量。毕竟，总体参数的估计量是估计出来的，并不一定是真实值，符号上还是要有所区分的。例如，总体均值 $\mu$ 的估计量就用 $\hat{\mu}$ 表示，总体标准差 $\sigma$ 的估计量就用 $\hat{\sigma}$ 表示。

当然，我们最理性的状态就是"一猜即中"。假设样本的信息与总体的信息总是相符的，那么通过随机抽样得到的样本均值、标准差，可以直接用它们作为总体的均值、标准差。这一方法称为点估计方法。

此时为了与总体均值 $\mu$ 不混淆，样本均值采用另一种表示方法：$\bar{x}$，读作"$x$ 拔"。其实，虽然样本均值的符号有所调整，但 $\bar{x}$ 的计算方法和以前是一样的，即

$$\bar{x} = \frac{\sum\limits_{i=1}^{n} x_i}{n}$$

这样，就可以写出总体均值的点估计方法的简明表达式

$$\hat{\mu} = \bar{x}$$

之前，我们已经假设购买的这 18 瓶饮料就是随机抽样后的结果，所以样本均值即为 $\bar{x} = 598.5$。进而，饮料总体容量的均值就姑且认为是 $\hat{\mu} = 598.5$。呵呵，很简单吧。而且，样本均值 $\bar{x}$ 就是总体均值 $\mu$ 的一个"良好"估计。

当然，有时还希望可以找到总体标准差的一个"良好"的估计。由于随机抽样得到的样本拥有的数据个数大幅度减少，所以样本中的数据可能会

更紧密地集中在均值的周围。换句话说,样本的标准差可能会稍稍小于总体的标准差。尤其是当样本容量很小的时候,样本的标准差与总体的标准差可能会有很大的差别。经过很多统计学家们的努力,找到了一个好办法,就是用样本数据的一个函数

$$s = \sqrt{\frac{\sum\limits_{i=1}^{n}(x_i - \bar{x})^2}{n-1}}$$

作为总体标准差的点估计量,即

$$\widehat{\sigma} = s = \sqrt{\frac{\sum\limits_{i=1}^{n}(x_i - \bar{x})^2}{n-1}}$$

也有些人将 $s = \sqrt{\dfrac{\sum\limits_{i=1}^{n}(x_i - \bar{x})^2}{n-1}}$ 称为修正样本标准差。大家可要十分小心了!虽然与标准差的算法十分相似,但这里根式中的分母可是 $n-1$,而不是 $n$。

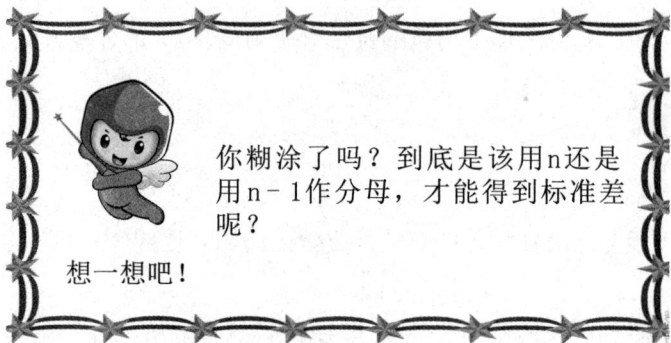

你糊涂了吗？到底是该用n还是用 n－1 作分母,才能得到标准差呢？

想一想吧！

这个问题估计让很多人愁肠百结。作出判断的黄金准则就是:用 $n$ 作除数会得到"手头上拥有的一批数据的实际标准差"。

★ 如果手头上拥有整个总体的数据,那么用 $n$ 作除数就会得出总体的实际方差——需要用 $\sigma$ 的公式,用 $n$ 作除数。

★ 如果手头上拥有总体的一个样本的数据，而你又希望用这个样本估计总体标准差——则需要用 $s$ 的公式，用 $n-1$ 作除数。

假设我们抽样得到的是另外一组容量为 18 的样本，数据如下（单位：毫升）：

| | | | | | |
|---|---|---|---|---|---|
| 600 | 585 | 590 | 600 | 600 | 610 |
| 585 | 585 | 600 | 600 | 613 | 613 |
| 590 | 600 | 605 | 600 | 590 | 580 |

容易计算得到样本均值 $\bar{x}=597$，仍然可以认为总体均值 $\mu$ 的点估计值就是 $\hat{\mu}=597$。注意：它可不是之前计算求出的均值 598.5 了。

也就是说，同一个总体，可以得到不同的抽样样本。只要随机抽样得到最具代表性的数据样本，点估计量就是人们有可能给出的总体均值 $\mu$、标准差 $\sigma$ 的"良好"估计。

但点估计方法仍然存在缺陷：人们依赖于唯一的一个样本的结果。如果样本发生了变化，当然得到的样本均值、样本标准差都会不同。所以，无论人们想出哪些办法以确保样本的代表性，但对于一个样本是不是能够 100% 的代表总体，谁都没有绝对的把握。毕竟，样本和总体总是不同的，有区别的。所以说，点估计量有价值，但也存在小小的误差。

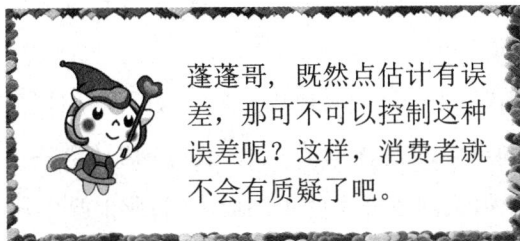

蓬蓬哥，既然点估计有误差，那可不可以控制这种误差呢？这样，消费者就不会有质疑了吧。

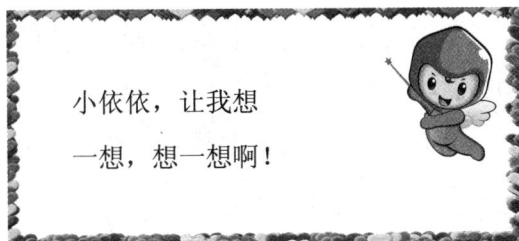

小依依，让我想一想，想一想啊！

数据分析的基石——统计

　　要想使得到的估计量尽可能的接近于总体的真实值,不如采取另外一种方法——区间估计,就是设定适当的误差,给出一个人们都可以接受的范围。

　　例如,指定集团生产的饮料容量的误差为 5 毫升,也就是饮料所服从的正态分布总体的标准差 $\sigma = 5$。此时,只要生产的饮料容量在范围(595,605)内波动都是可以接受的。可采用数学上的区间符号 $(a,b)$ 表示,统计学上称这一区间为置信区间。当然为了增强消费者的信心,会不断地宣传:我们有 95% 的信心保证饮料容量一定落在置信区间 $(a,b)$ 内。这份很接近 100% 的信心其实就是概率,统计学上用符号 $1-\alpha$ 表示,称为置信度或置信水平。一般情况下,置信度是一个很接近 1 的小数,如 0.95、0.90 是使用较多的置信水平。

　　置信区间想表达的含义用数学符号表示就是一个事件的概率:

$$P\{a < \bar{x} < \bar{b}\} = 1 - \alpha。$$

而我们的任务就是如何选择误差,如何确定置信区间的上限 $a$ 和下限 $b$。

　　求得正态分布总体 $N(\mu, 5^2)$ 中的总体均值 $\mu$ 的置信区间 $(a,b)$,可是一个步骤化的过程。现在我们要解决的问题是:为 600 毫升瓶装饮料容量的均值 $\mu$ 构建一个置信区间。

　　★ 第一步:根据实际问题,先为问题参数找一个"良好"的估计量。

　　而点估计方法中已经得到一个总体均值 $\mu$ 的"良好"估计量——样本均值 $\bar{x}$。由于样本均值的取值会随着样本的不同而不同,所以样本均值就是一个随机变量,采用符号 $\bar{X}$ 表示,便于同样本均值的取值 $\bar{x}$ 区别。

　　★ 第二步:寻找一个与估计量有关的统计量,确定该统计量的分布类型。

　　由于饮料容量总体 $X$ 服从正态分布 $N(\mu, \sigma^2)$,统计学家们已经证明:样本均值 $\bar{X}$ 则服从均值为 $\mu$、标准差为 $\dfrac{\sigma}{\sqrt{n}}$ 的正态分布,记为 $N\left(\mu, \dfrac{\sigma^2}{n}\right)$。

小心啊，这可不是标准正态分布。还记得如何将正态分布转化为标准正态分布的标准化方法 $u = \dfrac{x - \mu}{\sigma}$ 吗？

所以，我们构造这样一个统计量

$$U = \frac{\bar{X} - \mu}{\sigma \big/ \sqrt{n}}$$

它恰好服从的就是标准正态分布 $N(0,1)$。

因此，当饮料总体的标准差为 5，样本容量为 18 时，样本均值 $\bar{X}$ 服从均值为 $\mu$、方差为 $\dfrac{5^2}{18} \approx 1.39$ 的正态分布，记为 $N(\mu, 1.39)$。统计量 $U = \dfrac{\bar{X} - \mu}{5 \big/ \sqrt{18}}$ 服从标准正态分布 $N(0,1)$。

★ 第三步：确定信心与把握，——给定置信水平。置信水平就是人们希望"置信区间包含总体统计量"的把握。

集团 CEO 希望有 95% 的信心保证饮料容量均值是没有欺骗消费者的，即置信水平为 0.95，也就是说希望样本均值 $\bar{X}$ 位于置信区间 $(a,b)$ 内的概率达到 0.95。这份信心是人为指定的。

那么由谁来决定置信水平呢？多大的置信水平才合适呢？答案完全取决于你的具体情况以及你需要多大的信心和把握。常用的置信水平是 0.95，有时候也可能另作要求，如 0.90 或 0.99。关键是要记住一点：置信水平越高，区间就会越宽，置信区间包含总体统计量的可能性就越大。但把置信区间弄得太长，区间就会越长，反而会使置信区间失去意义。

为什么置信水平太高,会使得置信区间太宽,反而使置信区间失去意义呢?

想一想吧!

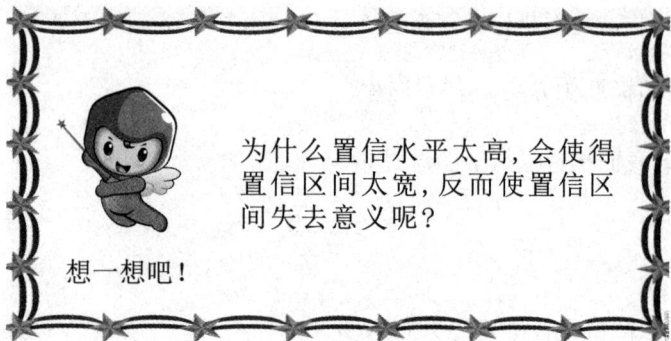

★ 第四步:求出置信区间$(a,b)$。置信区间的左端点 $a$ 和右端点 $b$ 的确切值会受到抽样方法以及给定的置信度 $1-\alpha$ 的影响。这也是最繁杂、最重要的一步。

既然饮料容量 $X$ 落入区间$(a,b)$的概率必须要达到 $1-\alpha$,用数学符号表示就是

$$P\{a < \bar{X} < b\} = 1 - \alpha$$

也就等价于这样一个问题:求标准正态分布下,概率为 $1-\alpha$ 的事件,即

$$P\left(\frac{a-\mu}{5/\sqrt{18}} < \frac{\bar{X}-\mu}{5/\sqrt{18}} < \frac{b-\mu}{5/\sqrt{18}}\right) = 0.95$$

还记得标准正态分布的概率密度函数曲线是关于纵轴对称的吧。为了简便起见,不妨认为这个事件的概率就居于标准正态分布曲线的正中间。若用上侧分位数符号 $\mu_{\frac{b}{2}}$ 表示 $\frac{b-\mu}{5/\sqrt{18}}$,根据对称性,$\frac{b-\mu}{5/\sqrt{18}}$ 就可用符号 $-\mu_{\frac{\alpha}{2}}$ 表示,则上述概率就可简洁表示为

$$P\left(-\mu_{\frac{\alpha}{2}} < \frac{\bar{X}-\mu}{5/\sqrt{18}} < \mu_{\frac{\alpha}{2}}\right) = 0.95$$

而且标准正态分布中,两侧的阴影面积各占 0.025。如图 8 - 1 所示。

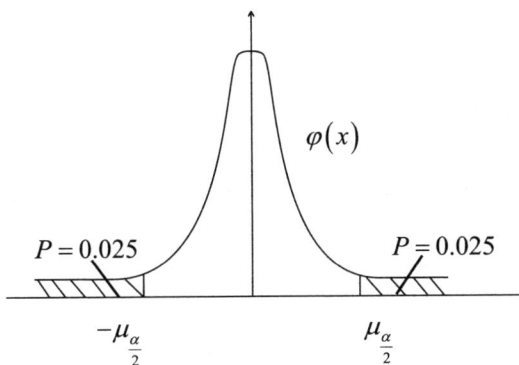

$$P = 0.025 \qquad\qquad P = 0.025$$

$$-\mu_{\frac{\alpha}{2}} \qquad\qquad \mu_{\frac{\alpha}{2}}$$

图 8 - 1

因为有标准正态分布函数值表的存在,下面的工作可就方便多了。还记得如何查阅标准正态分布函数值表吗? 不过,现在稍有不同。由于概率密度曲线与横轴之间围成的区域面积为 1,分界点 $\mu_{\frac{\alpha}{2}}$ 右侧的阴影面积为 0.025,分界点 $\mu_{\frac{\alpha}{2}}$ 左侧的面积自然就是 0.975。在标准正态分布函数值表中找到 0.975,观察它所在的行 1.9,所在的列 0.06。1.9 和 0.06 这两个数的和就是分界点 $\mu_{\frac{\alpha}{2}}$ 的值,即 $\mu_{\frac{\alpha}{2}} = 1.96$。进而得到

$$P\left( -1.96 < \frac{\overline{X} - \mu}{5 / \sqrt{18}} < 1.96 \right) = 0.95$$

其实问题已经基本解决了,因为我们得到了一个关于估计量的不等式

$$-1.96 < \frac{\overline{X} - \mu}{5 / \sqrt{18}} < 1.96$$

重新整理一下,就得到了总体均值的置信区间

$$\left( \overline{X} - 1.96 \cdot \frac{5}{\sqrt{18}}, \overline{X} + 1.96 \cdot \frac{5}{\sqrt{18}} \right)$$

之前已经知道样本均值 $\overline{X} = 598.5$,代入上区间得到 $(596.19, 600.81)$。

如果抽样得到的样本均值 $\bar{x} = 597$，
样本容量 $n = 100$，
总体标准差 $\sigma = 10$，
置信水平 $1-\alpha = 0.9$，
此时，总体均值 $\mu$ 的置信区间又会是多少呢？

试一试，
你可以的！

有一些商家为了避免消费者的质疑,在商品的包装上会注明一个误差范围。例如,某方便面的包装袋上就会注明:面饼 80 克 ±5 克。

蓬蓬哥，难道生活中就只有对正态分布的均值作区间估计这一种情况吗？

小依依，让我想一想，想一想啊！

前面我们讲述的例子只能解决这样一种特定类型——已知总体标准差 $\sigma$,对总体均值 $\mu$ 作区间估计,它只是实际生活中的一种情况而已。在实际生活中,我们可能并不知道总体标准差 $\sigma$,可能需要解决总体标准差 $\sigma$ 的置信区间。诸如此类的问题,也有类似的方法。

假设饮料集团生产的饮料像生产线标注的那样：饮料容量都是 600 毫升，即饮料容量的总体均值 $\mu = 600$ 是已知的。可是生产线偶尔发发小脾气，使得生产出的产品有误差。因此，人们并不知道饮料容量总体的标准差 $\sigma$ 为多少。

要解决对正态分布总体标准差 $\sigma$ 的区间估计，我们首先要了解一个新的重要分布——$\chi^2$ 分布，读作卡方分布。这可是由著名统计学家卡尔·皮尔逊（Karl Pearson，1857 - 1936）在 1900 年提出的著名统计量。

卡尔·皮尔逊

$\chi^2$ 分布的概率密度函数图像会随着样本容量 $n$ 的不同而有所改变。如图 8 - 2 所展现的那样。

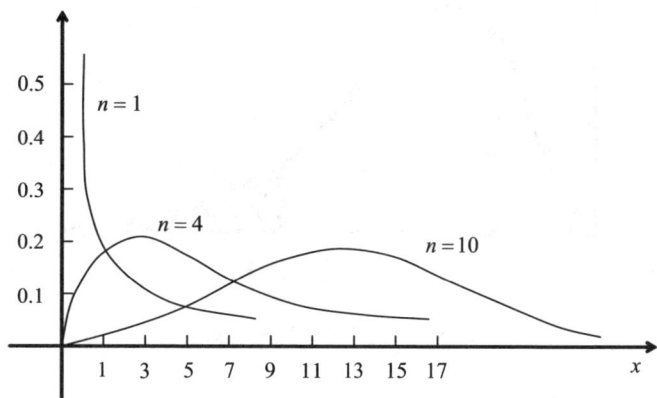

图 8 - 2

当 $n \geq 3$ 时,概率密度函数图像是一条平滑的单峰曲线。当样本容量 $n$ 不断增大时,这条曲线的峰值会渐渐向右移动,概率密度函数图像就会变得越来越平缓,而且越来越对称。

因此,样本容量 $n$ 又有了一个新名字——自由度。所以,人们在使用 $\chi^2$ 分布的时候,总喜欢这样描述:自由度为 $n$ 的 $\chi^2$ 分布,一般可记为 $\chi^2(n)$。

和正态分布一样,$\chi^2(n)$ 也有自己专属的概率密度函数表达式,但这个表达式可比正态分布的密度函数复杂得多。

$$f(x) = \frac{1}{2^{\frac{n}{2}}\Gamma\left(\frac{n}{2}\right)} x^{\frac{n}{2}-1} e^{-\frac{1}{2}x}, \qquad \text{当 } x > 0 \text{ 时。}$$

其中,$\Gamma\left(\frac{n}{2}\right)$ 称为 $\Gamma$ 函数,指的是函数 $\Gamma(a) = \int_0^{+\infty} x^{a-1} e^{-x} dx$ 在 $\frac{n}{2}$ 处的值。(注:符号 $\int$ 代表的是数学上的积分运算。)

$\chi^2(n)$ 的概率密度函数是不是十分的麻烦啊,所以人们依然很少很少用到 $\chi^2$ 分布的密度函数。

在 $\chi^2(n)$ 分布中,同样有分位数的概念,同样也有一张重要的表格——$\chi^2(n)$ 上侧分位数表。

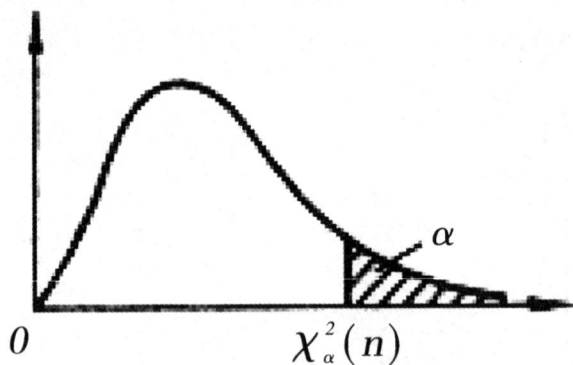

图 8-3 $\chi^2(n)$ 上侧分位数

快乐阅读书系

表 8 - 1　部分 $\chi^2(n)$ 上侧分位数表

| $\alpha$ \\ $n$ | $\alpha=0.995$ | 0.99 | 0.975 | 0.95 | 0.90 | 0.75 |
|---|---|---|---|---|---|---|
| 1 | — | — | 0.001 | 0.004 | 0.016 | 0.102 |
| 2 | 0.010 | 0.020 | 0.051 | 0.103 | 0.211 | 0.575 |
| 3 | 0.072 | 0.115 | 0.216 | 0.352 | 0.584 | 1.213 |
| 4 | 0.207 | 0.297 | 0.484 | 0.711 | 1.064 | 1.923 |
| 5 | 0.412 | 0.554 | 0.831 | 1.145 | 1.610 | 2.675 |
| 6 | 0.676 | 0.872 | 1.237 | 1.635 | 2.204 | 3.455 |
| 7 | 0.989 | 1.239 | 1.690 | 2.167 | 2.833 | 4.255 |
| 8 | 1.344 | 1.646 | 2.180 | 2.733 | 3.490 | 5.071 |
| 9 | 1.735 | 2.088 | 2.700 | 3.325 | 4.168 | 5.899 |
| 10 | 2.156 | 2.558 | 3.247 | 3.940 | 4.865 | 6.737 |
| 11 | 2.603 | 3.053 | 3.816 | 4.575 | 5.578 | 7.584 |
| 12 | 3.074 | 3.571 | 4.404 | 5.226 | 6.304 | 8.438 |
| 13 | 3.565 | 4.107 | 5.009 | 5.892 | 7.042 | 9.299 |
| 14 | 4.075 | 4.660 | 5.629 | 6.571 | 7.790 | 10.165 |
| 15 | 4.601 | 5.229 | 6.262 | 7.261 | 8.547 | 11.037 |

　　根据 $\chi^2(n)$ 上侧分位数表,只能解决形如 $P\{\chi^2(n)\geq x\}=\alpha$ 类型的概率问题,并将满足该式的 $x$ 称为 $\chi^2(n)$ 分布的上侧分位数,用符号 $\chi^2_\alpha(n)$ 表示。例如,倘若 $P\{\chi^2(10)\geq x\}=0.75$,即 $\chi^2(n)$ 分布中的自由度 $n=10$,概率 $\alpha=0.75$。通过查表,可以得到上侧分位数 $\chi^2_{0.75}(10)=6.737$,满足 $P\{\chi^2(10)\geq6.737\}=0.75$。

你会查卡方分布上侧分位数表了吗?

$\chi^2_{0.95}(7)=$ _____

$\chi^2_{0.975}(15)=$ _____

试一试
你可以的!

　　经过与总体均值 $\mu$ 的置信区间完全类似的过程,可以得到总体方差 $\sigma^2$ 在置信水平 $1-\alpha$ 的置信区间:

$$\left(\frac{\sum_{i=1}^{n}(X_i-\mu)^2}{\chi^2_{\frac{\alpha}{2}}(n)},\ \frac{\sum_{i=1}^{n}(X_i-\mu)^2}{\chi^2_{1-\frac{\alpha}{2}}(n)}\right)$$

数据分析的基石——统计

进而得到总体标准差 $\sigma$ 在置信水平 $1-\alpha$ 的置信区间：

$$\left(\sqrt{\frac{\sum\limits_{i=1}^{n}(X_i-\mu)^2}{\chi^2_{\frac{\alpha}{2}}(n)}},\sqrt{\frac{\sum\limits_{i=1}^{n}(X_i-\mu)^2}{\chi^2_{1-\frac{\alpha}{2}}(n)}}\right)$$

这里要注意的是：由于 $\chi^2(n)$ 的概率密度函数图像并不是对称图像，因此需要查阅两个 $\chi^2(n)$ 的上侧分位数才可以。

当然，有了前人的努力工作，人们直接应用这些结论就可以了。

之前假设饮料容量的总体均值 $\mu=600$，样本容量 $n=18$，置信水平 $1-\alpha=0.95$。通过查阅 $\chi^2(n)$ 上侧分位数表，得到

$$\chi^2_{0.025}(18)=31.536$$

$$\chi^2_{0.0975}(18)=8.231$$

代入上述置信区间即可得到总体标准 $\sigma$ 差在置信水平 $1-\alpha$ 的置信区间

$$(7.64,14.94)$$

如果大家细心一些，会发现：关于正态总体 $N(\mu,\sigma^2)$ 中的参数 $\mu$、$\sigma$ 的区间估计应该有四个类型：

(1) $\mu$ 作区间估计，$\sigma$ 已知。

(2) $\mu$ 作区间估计，$\sigma$ 未知。

(3) $\mu$ 已知，$\sigma$ 作区间估计。

(4) $\mu$ 未知，$\sigma$ 作区间估计。

其中的类型(1)、类型(3)已经介绍。大家不妨找一找另外两个类型的结论吧。

亲爱的读者朋友们
让我们休息，休息一下！

# 第九章

# 答案是真还是假

可爱的小依依是个执着的小姑娘,她认为:虽然点估计、区间估计是用样本信息代表总体信息的好方法,但估计的毕竟不是真实的。利用区间估计确实可以向消费者解释饮料容量出现的波动是合理的。可是饮料瓶上明明注明的就是 600 毫升,就算有波动,不也恰好说明饮料的生产线不合格吗? 集团 CEO 怎么会购买这种不合格的生产线呢?

蓬蓬哥,虽然饮料生产线上注明饮料的容量是600毫升,可没经过检查,怎么就可以确定生产的饮料一定是合格的呢?

小依依,让我想一想,想一想啊!

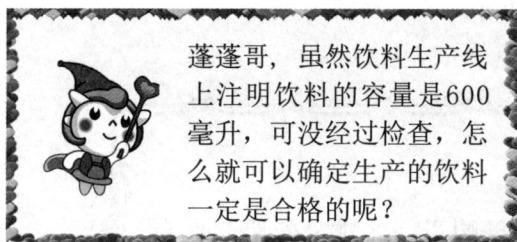

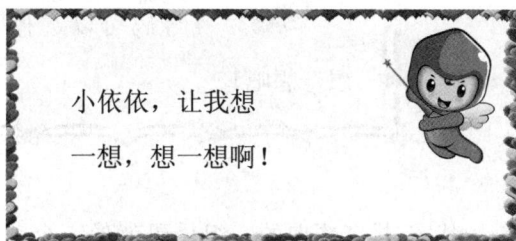

前一章介绍的统计方法其实是一种统计推断,统计推断可以分为两类问题:一类是根据样本对总体的未知参数进行估计,例如点估计与区间估

数据分析的基石——统计

计;另一类则是根据样本对总体的状况所作的某种假设进行真伪的判断。在许多实际研究中,这样的问题很常见,如:某批产品能否出厂,某生产线工作是否正常,某人是否患有某种疾病,某种新药的治疗效果是否提高了,发生事故是否与星期几有关,某次水平考试是否正常,诸如此类的问题都是需要通过检验,作出合理的解释。

正因为有消费者投诉集团生产的 600 毫升瓶装饮料容量不足,有欺骗消费者的嫌疑,所以,集团才需要抽取生产线生产的饮料样本,通过样本均值进行假设检验,以便回答容量的不足到底是生产中正常的波动,还是厂商的有意行为。解决这一问题的过程称为假设检验。

首先,我们要明白假设检验可行的依据——小概率原理。所谓小概率,是指事件发生的可能性很小很小,事件发生的概率很接近 0。举一个大家都熟悉的例子:你身边有没有喜欢购买彩票的人,他是不是经常会中奖呢? 以体育彩票中的排三为例,我们看看什么是小概率。要购买一注排三彩票,就是从 0、1、2、3、4、5、6、7、8、9 这 10 个数字中,可重复地随机选出 3 个数,任意排列成一个三位数即可。

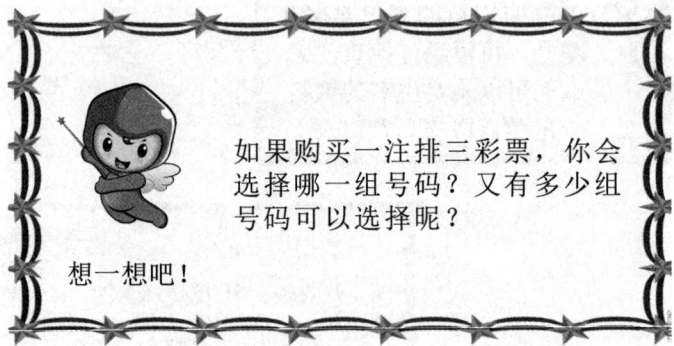

> 如果购买一注排三彩票,你会选择哪一组号码? 又有多少组号码可以选择呢?
>
> 想一想吧!

其实,排三彩票的一组号码就像一个三位数,数一数有多少个三位数呢? 这一定难不倒大家,从 000 到 999 一共有 1000 个三位数。当然,作为排三的一组号码,也有 1000 种。但每一期中奖的却只会有一组号码。换句话说,每一期排三中奖的概率是$\frac{1}{1000}$即0.001,只有千分之一的中奖可能。这可是个足够"小"的概率。所以彩票中奖就是一个小概率事件。

擦亮你的眼睛,还能找到生活中的小概率事件吗?

试一试,你可以的!

如此小的中奖概率,才会使得只购买一次彩票就能中奖是几乎不可能的。通常情况下,概率很小的事件在一次试验中是不可能出现的。如果本来几乎不会发生的事情却偏偏出现了,不就说明其中存在了什么问题吗?

如果在做出某种假设后,小概率事件却在一次随机抽样中发生了,从而说明原来的假设是有问题的,应该否定这个假设,拒绝假设。但如果这个小概率事件在一次抽样中并未发生,自然就没有理由拒绝这个假设,只能接受这个假设了。

由于事件发生的概率很小很小,所以否定假设的理由就是"小概率事件在一次试验中出现了"。可概率小也并不是说它永远不会发生,这就有可能把本来客观上正确的假设否定了,造成"弃真"的错误。另一方面,如果提出的假设本身就是错误的,但经过一系列的检验却作出了接受假设的结论,就会造成"取伪"的错误。

|  | 接受 | 拒绝 |
|---|---|---|
| 真实 | 判断正确 | 弃真错误 |
| 不真实 | 取伪错误 | 判断错误 |

统计学中,称弃真错误为第一类错误,取伪错误为第二类错误。这两类错误的概率分别用符号 $\alpha$ 和 $\beta$ 表示。人们当然希望犯两类错误的概率同时都很小。但这两类错误却总是相互制约,一般可通过增加样本容量的方法来解决这个难题。在统计学中,将犯弃真错误的概率 $\alpha$ 称为显著性水平。它一般都是事先给定的,而且很小很小,像 0.1、0.05 比较多见。

现在就让我们一起踏上检验生产线是否合格,即饮料容量的总体均值是否等于 600 毫升的旅程,一起判断一下饮料集团是否真的欺骗了消费者吧。

★ 第一步:根据问题提出假设。

生产线是否合格,要通过检测生产的 600 毫升瓶装饮料的容量是否达到 600 毫升来判断。而作为饮料容量总体 $X$ 应该服从正态分布 $N(600, 5^2)$,所以要解决的问题就是总体均值 $\mu$ 是否就是 600,用数学符号表示就是 $\mu = 600$。总体均值 $\mu$ 就是一个待检验的参数。

在统计学上,人们用符号 $H_0$ 表示原假设,用符号 $H_1$ 表示与原假设对立的假设即备择假设。所以,我们提出的假设就是

原假设 $H_0 : \mu = 600$,

备择假设 $H_1 : \mu \neq 600$。

形如上述形式的假设检验只是统计学中的一种类型,被称为双侧假设检验。

★ 第二步:选择适当的检验统计量。

要检验生产线是否合格,当然无法将生产线上的每一瓶饮料拿来度量容量。通过随机抽样的方法,利用得到的样本均值 $\bar{X}$ 代表总体的均值。

之前已经应用到一个重要的结论:如果总体 $X$ 服从正态分布 $N(\mu, \sigma^2)$,那么样本均值 $\bar{X}$ 则服从正态分布 $N\left(\mu, \dfrac{\sigma^2}{n}\right)$。利用标准化的方法,构造检验统计量:

$$U = \frac{\bar{X} - 600}{5/\sqrt{18}}$$

恰好服从标准正态分布 $N(0,1)$。

★ 第三步:规定显著性水平 $\alpha$,确定满足小概率的事件,即确定拒绝域。

通常使用的显著性水平 $\alpha$ 有 0.05,当然也可以选择更小的概率,如 0.01。由于标准正态分布 $N(0,1)$ 的概率密度函数曲线是关于纵轴对称的,因此,所选择的小概率事件恰好对称地分居于两侧,如图 9 - 1 所示。

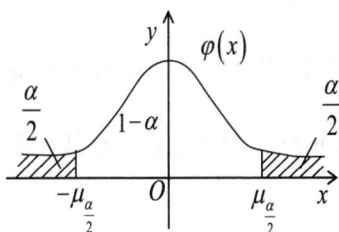

图 9 - 1

在原假设 $H_0: \mu = 600$ 成立、显著性水平 $\alpha = 0.05$ 的条件下,只要查找标准正态分布函数表就可以得到分界点 $u_{\frac{\alpha}{2}} = 1.96$,使得事件 $|U| > 1.96$ 的概率为 0.05 成立,即

$$P\{|U| > u_{\frac{\alpha}{2}}\} = P\left\{ \left| \frac{\bar{X} - \mu_0}{\sigma/\sqrt{n}} \right| > 1.96 \right\} = 0.05$$

通俗地说,如果原假设 $H_0$ 是成立的,事件" $\left| \frac{\bar{X} - \mu_0}{\sigma/\sqrt{n}} \right| > 1.96$ "就是一个概率仅仅为 0.05 的小概率事件。依据小概率原理就可以认为:在原假设 $H_0: \mu = 600$ 成立的条件下,事件 $|U| > 1.96$ 在一次试验中应该是几乎不可能发生的。于是,就得到拒绝原假设的区域: $|U| > 1.96$。

★ 第四步:计算检验统计量的数值。

将各数据 $\mu_0 = 600, \sigma = 5$,样本均值 $\bar{x} = 598.5$,样本容量 $n = 18$ 代入检

验统计量,得到:

$$|u| = \left| \frac{\bar{x} - \mu_0}{\sigma / \sqrt{n}} \right| = \left| \frac{598.5 - 600}{5 / \sqrt{18}} \right| \approx 1.27$$

★ 第五步:作统计判断。

如果原假设 $H_0 : \mu = 600$ 成立,那么小概率事件

$$\left| \frac{598.5 - 600}{5 / \sqrt{18}} \right| \approx 1.27 < 1.96$$

说明统计量 $U$ 并未落入拒绝域 $|U| > 1.96$,因此应该接受原假设 $H_0$。即认为这条生产线是合格的。

由于这个假设检验的过程中构造的检验统计量为 $U = \dfrac{\bar{X} - \mu_0}{\sigma / \sqrt{n}}$,因此,也将这种类型——总体标准差 $\sigma$ 已知,关于总体均值 $\mu$ 的假设检验称为 $U$ 检验。

某工厂排放的有害气体含量服从正态分布 $N(23, 2^2)$,现用简易方法测量6次,得到一组数据(单位:十万分之一):23、21、19、24、18、18。如果有害气体含量的方差不变,那么用该方法测得的有害气体含量的均值会不会有显著差异呢?($\alpha = 0.05$)

试一试,你可以的!

但生活中的很多时候,正态总体的各种信息都是未知的,当然包括总体的标准差 $\sigma$。如果总体的标准差 $\sigma$ 是不知道的,那关于 $\mu$ 假设检验的 $U$ 检验就是不可行的了。因此,关于正态总体 $U(\mu, \sigma^2)$ 中的参数 $\mu$、$\sigma$ 的假设

检验也有四个类型：

(1)$\mu$ 作假设检验，$\sigma$ 已知。

(2)$\mu$ 作假设检验，$\sigma$ 未知。

(3)$\mu$ 已知，$\sigma$ 作假设检验。

(4)$\mu$ 未知，$\sigma$ 作假设检验。

不过也不怕，统计学家们设计了解决类型(2)的假设检验的办法——$T$ 检验。

了解 $T$ 检验前，我们先来了解一个统计学上的重要分布——$t$ 分布吧。

$t$ 分布的密度函数图像与标准正态分布 $N(0,1)$ 的概率密度图像十分的相似，同样关于 $y$ 轴对称。而这种相似程度是由样本容量 $n$ 所决定，通常将样本容量 $n$ 称为 $t$ 分布的自由度，记为 $t(n)$。如图 9 - 2 所示。

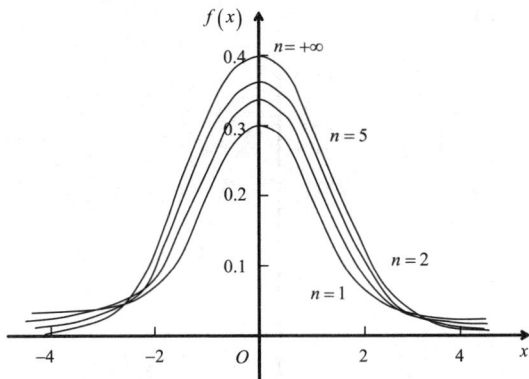

图 9 - 2

一般说来，当自由度 $n > 30$ 时，$t$ 分布就近似于标准正态分布 $N(0,1)$ 了。

对于不同的自由度 $n$ 及不同的显著水平 $\alpha(0 < \alpha < 1)$，可以仿照 $\chi^2(n)$ 那样定义 $t$ 分布的上侧分位数。将满足条件 $P\{t \geq x\} = \alpha$ 的点 $x$ 称为自由度为 $n$ 的 $t$ 分布 $\alpha$ 水平的上侧分位数，记为 $t_\alpha(n)$。如图 9 - 3 所示。

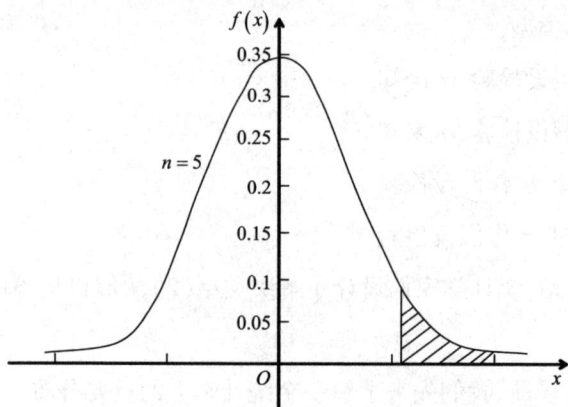

图 9 – 3

由于 $t$ 分布的概率密度函数图像是关于纵轴对称的,只要得到上侧分位数 $t_\alpha(n)$,就自然可以得到第二个上侧分位数 $t_{1-\alpha}(n)$,因为 $t_{1-\alpha}(n) = -t_\alpha(n)$。见图 9 – 4。

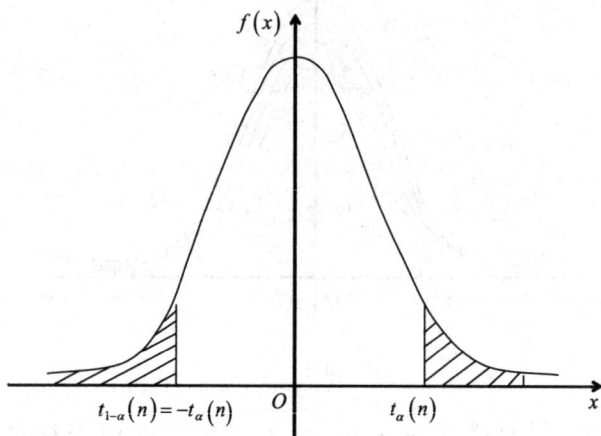

图 9 – 4

自然还是通过查阅表格得到 $t$ 分布的上侧分位数。我们试着通过 $t$ 分布的上侧分位数感受一下吧。

表 9-1　部分 $t$ 分布上侧分位数表

| $\alpha$<br>$n$ | 0.10 | 0.05 | 0.025 | 0.01 | 0.005 |
|---|---|---|---|---|---|
| 1 | 3.078 | 6.314 | 12.706 | 31.821 | 63.657 |
| 2 | 1.886 | 2.920 | 4.303 | 6.965 | 9.925 |
| 3 | 1.638 | 2.353 | 3.182 | 4.541 | 5.841 |
| 4 | 1.533 | 2.132 | 2.776 | 3.747 | 4.604 |
| 5 | 1.476 | 2.015 | 2.571 | 3.365 | 4.032 |
| 6 | 1.440 | 1.943 | 2.447 | 3.143 | 3.707 |
| 7 | 1.415 | 1.895 | 2.365 | 2.998 | 3.499 |
| 8 | 1.397 | 1.860 | 2.306 | 2.896 | 3.355 |
| 9 | 1.383 | 1.833 | 2.262 | 2.821 | 3.250 |
| 10 | 1.372 | 1.812 | 2.228 | 2.764 | 3.169 |

　　例如,当 $t$ 分布的自由度 $n=5$,显著水平 $\alpha=0.01$ 时,通过查表就可得到上侧分位数 $t_{0.01}(5)=3.365$,进而得到

$$t_{0.99}(5) = t_{1-0.01}(5) = -t_{0.01}(5) = -3.365$$

你会查 $t$ 分布上侧分位数表了吗?

$t_{0.05}(10) = $ _____

$t_{0.975}(7) = $ _____

试一试,你可以的!

　　当然,我们也可用 $T$ 检验对前面提到的饮料集团的生产线进行检验了,即饮料容量的总体均值是否等于 600 毫升。只不过现在,我们可不知道总体的标准差 $\sigma$ 是多少。不过没关系,基本上类型(2)的假设检验过程与类型(1)是相同的。

　　★ 第一步:根据问题提出假设。

　　生产线是否合格,就是检测生产的 600 毫升瓶装饮料的容量是否达到

600 毫升。所以,我们提出的假设就是

$$原假设 \ H_0 : \mu = 600$$

$$备择假设 \ H_1 : \mu \neq 600$$

★ 第二步:选择检验统计量。

通过随机抽样的方法,利用得到的样本均值 $\overline{X}$ 代表总体的均值。

由于总体标准差 $\alpha$ 未知,自然想到用 $\sigma$ 的无偏估计 $s$ 来代替 $\alpha$,选取统计量 $T = \dfrac{\overline{X} - \mu_0}{S/\sqrt{n}}$,恰好服从 $t(17)$。即

$$T = \frac{\overline{X} - \mu_0}{S/\sqrt{n}} \sim t(17)$$

★ 第三步:规定显著性水平 $\alpha$,确定满足小概率的事件,即确定拒绝域。

选择显著性水平 $\alpha = 0.05$ 的条件下,只要查找标准正态分布函数表就可以得到分界点 $t_{0.025} = 2.1098$,使得事件 $|t| > 2.1098$ 的概率为 $0.05$ 成立,即

$$P\{ |T| > t_{\frac{\alpha}{2}}(n-1) \} = P\left\{ \left| \frac{\overline{X} - \mu_0}{s/\sqrt{n}} \right| > 2.1098 \right\} = 0.05$$

所以,$|t| > 2.1098$ 即为拒绝域。

★ 第四步:计算检验统计量的数值。

将各数据 $\mu_0 = 600$,$s = 13.05$,样本均值 $\bar{x} = 598.5$,样本容量 $n = 18$ 代入检验统计量,得到:

$$|t| = \left| \frac{\bar{x} - \mu_0}{s/\sqrt{n}} \right| = \left| \frac{598.5 - 600}{13.05/\sqrt{18}} \right| \approx 0.49$$

★ 第五步:作统计判断。

如果原假设 $H_0 : \mu = 600$ 成立,那么小概率事件

$$\left| \frac{598.5 - 600}{13.05/\sqrt{18}} \right| \approx 0.49 < 2.1098$$

由于检验统计量 $T$ 的样本取值没有落入拒绝域 $|t| > 2.1098$,因此可以

接受原假设 $H_0$，当然就要拒绝备择假设 $H_1$ 了。

这样就可以认为生产线生产出的饮料容量确实是 600 毫升，这条生产线是合格的。

不仅如此，统计学家们还为总体标准差 $\sigma$ 的假设检验设计了重要的办法——$\chi^2$ 检验。无论是 $T$ 检验还是 $\chi^2$ 检验，它们的检验过程基本与 $U$ 检验是相同的。只是由于构造的检验统计量不同，从而查阅分布函数值表不同而已。

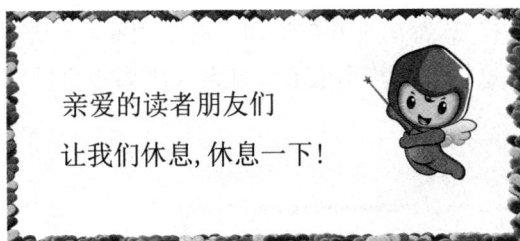

亲爱的读者朋友们
让我们休息，休息一下！

# 第十章

# 简单漂亮的直线

经过了与小蓬蓬的一起努力,可爱的小依依吐了吐舌头,说到:"无论是作估计还是作检验,都离不开数学知识的运用啊。看来统计学还是挺有难度的。还是休息一下吧。"小依依大口大口地喝着饮料,享受着饮料带来的清凉。

蓬蓬哥,会有很多人在天热的时候购买饮料解渴,那是不是说只要气温一升高,饮料的销售量就会增加?

小依依,让我想一想,想一想啊!

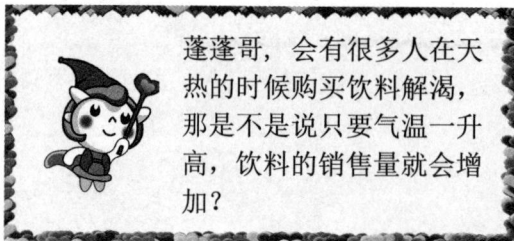

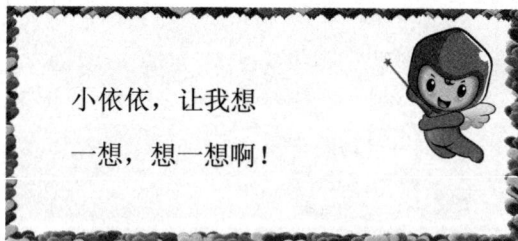

之前我们所作的努力只是想描述一个变量的情况,例如饮料的容量、同学的身高、数学考试的成绩等等。但是,没有一个变量是可以孤立存在的,就如同没有谁是孤立地生活在这个大千世界里一样。大家总是彼此相互影响。所以,只有了解了变量间的相互关系,才可以丰富人们的视野,获得更多的信息,让人们发现真相。揭示这一真相的秘密就是:回归与相关。

假设这就是我们从楼下小超市得到的两周有关气温和饮料销售量的数据。不过,由于每天气温总是实时变化的,所以不妨以每天的最高气温为代表吧。

| 日期 | 最高气温(摄氏度) | 饮料销售量 |
|---|---|---|
| 22 日(周一) | 29 | 77 |
| 23 日(周二) | 28 | 62 |
| 24 日(周三) | 34 | 93 |
| 25 日(周四) | 31 | 84 |
| 26 日(周五) | 25 | 59 |
| 27 日(周六) | 29 | 64 |
| 28 日(周日) | 32 | 80 |
| 29 日(周一) | 31 | 75 |
| 30 日(周二) | 24 | 58 |
| 31 日(周三) | 33 | 91 |
| 1 日(周四) | 25 | 51 |
| 2 日(周五) | 31 | 73 |
| 3 日(周六) | 26 | 65 |
| 4 日(周日) | 30 | 84 |

每一天的数据都包括两个数值,既有这一天的最高气温也有这一天的饮料销售量。在大家的直观感觉中,气温越高,人们会觉得越口渴,会购买更多的饮料解渴。所以,饮料的销售量会受到气温高低的影响。统计学中,将气温作为自变量或解释变量,将饮料销售量作为因变量或反应变量。

数据的罗列显然没有数据的图像清晰直观,我们同样可以绘制包含两个变量的数据图像。通常用 $x$ 轴表示一个变量,用 $y$ 轴表示另一个变量。这种图不是依据频数或概率绘制的,而是以直观的方式体现两个变量之间

的关系的图形——散点图。

我们用 $x$ 轴表示气温,用 $y$ 轴表示销售量,再将每一天的数据绘制在平面直角坐标系上就可以得到散点图了。

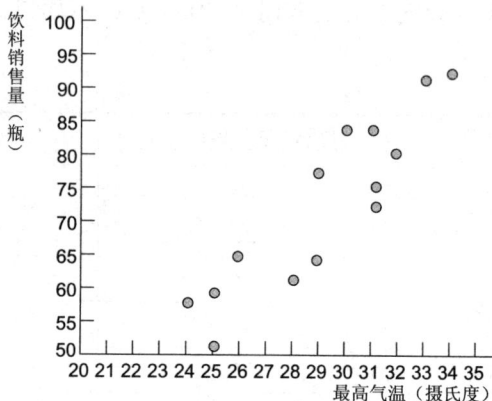

研究人员获得了一组人体脂肪含量和年龄的数据,你能绘制这些数据的散点图吗?

| 年龄 | 23 | 27 | 39 | 41 | 45 | 49 | 50 |
|------|-----|------|------|------|------|------|------|
| 脂肪 | 9.5 | 17.8 | 21.2 | 25.9 | 27.5 | 26.3 | 28.2 |
| 年龄 | 53 | 54 | 56 | 57 | 58 | 60 | 61 |
| 脂肪 | 29.6 | 30.2 | 31.4 | 30.8 | 33.5 | 35.2 | 34.6 |

试一试,
你可以的!

散点图可以告诉人们哪些信息呢?通过最高气温与饮料销售量散点图中的数据点,大致可以看出:随着气温的升高,饮料销售量大致上是增加的,这些数据点大致是在一条直线附近。

也就是说,人们可以通过散点图清晰地勾勒出两个变量之间潜在的关系。数据点所呈现出的分布特点可以显示出两个变量间的相关关系。相关关系实际上是变量之间的数学关系。如果散点图上的数据点几乎呈现直线分布,就将这种相关性称为线性相关。线性关系中也大致呈现这样几种情况。

一种是形如最高气温与饮料销售量的关系类型,即横轴上的低端值对应于纵轴上的低端值,同时横轴上的高端值对应于纵轴上的高端值且呈现直线分布的类型。统计学上称为正线性相关。最高气温与饮料销售量的散点图呈现的就是一种正线性相关。

另一种则是当横轴上的低端值对应于纵轴上的高端值,同时横轴上的高端值对应于纵轴上的低端值且呈现直线分布的类型。就如同气温越高,喝热饮的朋友就越少类似。这种类型称为负线性相关。

还有一种就是散点图中的数据点呈现出一种随机的关系,看不出有怎样的关系。这种类型称为不相关。

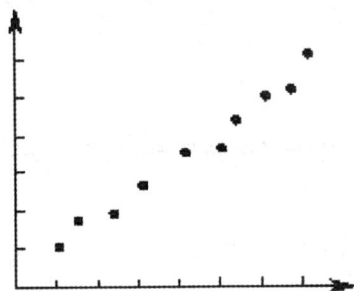

正线性相关

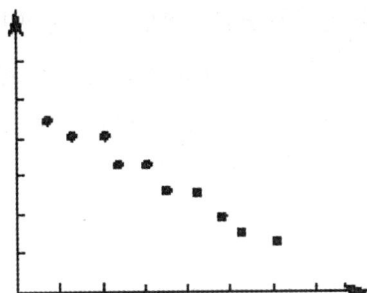

负线性相关

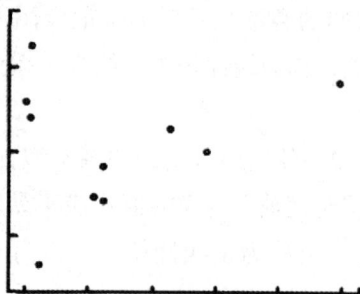

不相关

你还可以举出一些生活中的变量呈现负线性相关或者不相关的实例吗?

想一想吧!

　　散点图虽然直观,但如果可以知道气温与销售量之间的明确的数学关系,那人们就可以真的做到根据每天的气温预测销售量了。这样楼下小超市每天购进的饮料就可以销售一空了,这是多么理想的状态啊。

　　得到这个数学关系的一种方法,就是在散点图上画一条穿过这些数据点的直线,而且这条直线还要尽可能地接近所有的点。其中,最接近所有数据点的线被称为最佳拟合线。而求得这一直线的过程称之为回归分析。

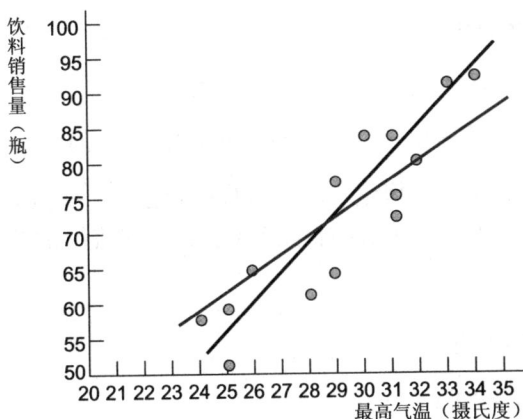

到底哪一条才是最好的

在散点图中,我们可以画出很多条直线,但怎样才能找到其中拟合效果最好的那一条呢? 下面就来学习一下吧。

★ 第一步,根据收集到的数据绘制散点图。

这一步骤我们已经完成。

★ 第二步,计算均值、离差平方和、离差乘积和。

假设确实有这样一条最佳拟合直线 $y = ax + b$,这里的符号 $x$、$y$、$a$ 依次称为自变量、因变量、回归系数。

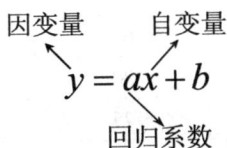

$$\overset{\text{因变量}}{\underset{\text{回归系数}}{y = ax + b}} \overset{\text{自变量}}{}$$

接下来,大家可要注意了,这些符号后面要使用到!

首先,我们要求出收集到的样本中的相关信息:最高气温 $x$ 的平均值和饮料销售量 $y$ 的平均值。

$$\bar{x} = \frac{29 + 28 + \cdots + 30}{14} = 29.1,$$

$$\bar{y} = \frac{77 + 62 + \cdots + 84}{14} = 72.6。$$

其次,我们要求出:

最高气温 $x$ 的离差 $x_i - \bar{x}$,离差平方和 $\sum\limits_{i=1}^{n}(x_i - \bar{x})^2$,

饮料销售量 $y$ 的离差 $y_i - \bar{y}$,离差平方和 $\sum\limits_{i=1}^{n}(y_i - \bar{y})^2$,

最高气温 $x$ 和饮料销售量 $y$ 的离差乘积和 $\sum\limits_{i=1}^{n}(x_i - \bar{x})(y_i - \bar{y})$。

你弄懂了吗? 为了方便,统计学设计了具有代表性的符号来表示上述计算内容。

$x$ 的离差平方和 $\sum\limits_{i=1}^{n}(x_i - \bar{x})^2 = S_{xx}$,

$y$ 的离差平方和 $\sum\limits_{i=1}^{n}(y_i - \bar{y})^2 = S_{yy}$,

$x$ 和 $y$ 的离差乘积和 $\sum\limits_{i=1}^{n}(x_i - \bar{x})(y_i - \bar{y}) = S_{xy}$。

将这些计算结果绘制在表格中会更清晰一些。

表 10 - 1

| | 最高气温 $x$ | 饮料销售量 $y$ | $x_i - \bar{x}$ | $y_i - \bar{y}$ |
|---|---|---|---|---|
| 22 日 | 29 | 77 | -0.1 | 4.4 |
| 23 日 | 28 | 62 | -1.1 | -10.6 |
| 24 日 | 34 | 93 | 4.9 | 20.4 |
| 25 日 | 31 | 84 | 1.9 | 11.4 |
| 26 日 | 25 | 59 | -4.1 | -13.6 |
| 27 日 | 29 | 64 | -0.1 | -8.6 |
| 28 日 | 32 | 80 | 2.9 | 7.4 |
| 29 日 | 31 | 75 | 1.9 | 2.4 |
| 30 日 | 24 | 58 | -5.1 | -14.6 |
| 31 日 | 33 | 91 | 3.9 | 18.4 |
| 1 日 | 25 | 51 | -4.1 | -21.6 |
| 2 日 | 31 | 73 | 1.9 | 0.4 |
| 3 日 | 26 | 65 | -3.1 | -7.6 |
| 4 日 | 30 | 84 | 0.9 | 11.4 |
| 总计 | 408 | 1016 | 0 | 0 |
| 平均 | 29.1($\bar{x}$) | 72.6($\bar{y}$) | | |

表 10 - 2

| | $(x_i - \bar{x})^2$ | $(y_i - \bar{y})^2$ | $(x_i - \bar{x})(y_i - \bar{y})$ |
|---|---|---|---|
| 22 日 | 0.0 | 19.6 | -0.6 |
| 23 日 | 1.3 | 111.8 | 12.1 |
| 24 日 | 23.6 | 417.3 | 99.2 |
| 25 日 | 3.4 | 130.6 | 21.2 |
| 26 日 | 17.2 | 184.2 | 56.2 |
| 27 日 | 0.0 | 73.5 | 1.2 |
| 28 日 | 8.2 | 55.2 | 21.2 |
| 29 日 | 3.4 | 5.9 | 4.5 |
| 30 日 | 26.4 | 212.3 | 74.9 |
| 31 日 | 14.9 | 339.6 | 71.1 |
| 1 日 | 17.2 | 465.3 | 89.4 |
| 2 日 | 3.4 | 0.2 | 0.8 |
| 3 日 | 9.9 | 57.3 | 23.8 |
| 4 日 | 0.7 | 130.6 | 9.8 |
| 总计 | 129.7 | 2203.4 | 484.9 |
| | $S_{xx}$ | $S_{yy}$ | $S_{xy}$ |

绘制的表格中明确标出:

$$x \text{ 的离差平方和} S_{xx} = 129.7,$$
$$y \text{ 的离差平方和} S_{yy} = 2203.4,$$
$$x \text{ 和 } y \text{ 的离差乘积和} S_{xy} = 484.9。$$

★ 第三步,计算 $a$、$b$ 的估计值,确定回归直线方程。

要找到拟合效果最好的这条直线,着实是要花费些功夫。就像下图所展现的,就是希望每一天饮料的实际销售量 $y_i$ 与这条直线估计出的销售量 $\hat{y}_i$ 最好是一样的,或者尽可能地接近。用数学表达式来表示,就是希望 $\sum_{i=1}^{n} (y_i - \hat{y}_i)^2$ 越小越好。统计学中称这个距离平方和为误差平方和,有专属

的符号 SSE。

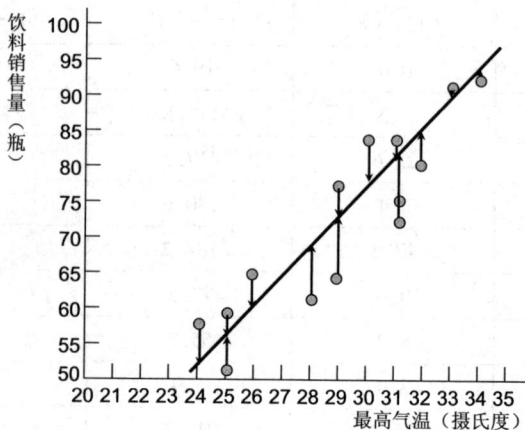

经过很多统计学家、数学家们的努力,得到了使误差平方和 SSE 最小的 $a$ 和 $b$ 的估计量 $\widehat{a}$ 和 $\widehat{b}$。

$$\widehat{a} = \frac{\sum (x_i - \bar{x})(y_i - \bar{y})}{\sum (x_i - \bar{x})^2} = \frac{S_{xy}}{S_{xx}}$$

$$\widehat{b} = \bar{y} - \widehat{a} \cdot \bar{x}$$

只要将表格中计算得出的 $S_{xx}$、$S_{xy}$、$\bar{x}$、$\bar{y}$ 代入上述公式,就可以得到:

$$\widehat{a} = \frac{S_{xy}}{S_{xx}} = \frac{484.9}{129.7} = 3.7$$

$$\widehat{b} = \bar{y} - \widehat{a} \cdot \bar{x} = 72.6 - 3.7 \cdot 29.1 = -36.4$$

所以,最高气温与饮料销售量问题的回归直线方程就是 $y = 3.7x - 36.4$。

既然使用线性回归的方法建立了预计气温与饮料销售量之间的关系。那么根据这个数学关系式,在知道最高气温的情况下,就可以预测出饮料的销售量是多少了。

例如,如果天气预报说明天的最高气温是 23 摄氏度,也就是自变量 $x = 23$,利用回归方程就可以计算出对应的 $y$ 值:

$$y = 3.7 \times 23 - 36.4 = 48.7$$

当然,在现实生活中无法销售出 0.7 瓶饮料,但是已经可以大致预测明天饮料的销售量在 48 瓶左右了,这就为我们进货提供了一个参考数据,岂不是可以避免货物积压或供应不足吗!

根据年龄与脂肪含量的散点图,你能说出这两个变量的相关关系,求出回归直线方程吗?

| 年龄 | 23 | 27 | 39 | 41 | 45 | 49 | 50 |
|------|------|------|------|------|------|------|------|
| 脂肪 | 9.5 | 17.8 | 21.2 | 25.9 | 27.5 | 26.3 | 28.2 |
| 年龄 | 53 | 54 | 56 | 57 | 58 | 60 | 61 |
| 脂肪 | 29.6 | 30.2 | 31.4 | 30.8 | 33.5 | 35.2 | 34.6 |

试一试,你可以的!

当然,我们不仅可以计算两个变量间的线性关系,还可以用数学的方法来度量这种线性关系的强和弱。

统计中用相关系数 $r$ 来衡量两个变量之间的线性关系强弱。如果对应变量 $x$ 的观测值 $x_i$,变量 $y$ 的观测值 $y_i$,则两个变量的相关关系的计算公式为

$$r = \frac{\sum\limits_{i=1}^{n}(x_i - \bar{x})(y_i - \bar{y})}{\sqrt{\sum\limits_{i=1}^{n}(x_i - \bar{x})^2 \sum\limits_{i=1}^{n}(y_i - \bar{y})^2}}$$

对于相关系数 $r$,首先值得注意的是它的符号。当 $r$ 为正时,表明变量 $x$、$y$ 是正相关关系;当 $r$ 为负时,表明变量 $x$、$y$ 是负相关关系。

另一个值得注意的是相关系数 $r$ 的大小。统计学认为,对于变量 $x$、$y$,如果 $r \in [-1, -0.75]$,那么负相关很强;如果 $r \in [0.75, 1]$,那么正相关很强;如果 $r \in [-0.75, -0.30]$ 或 $r \in [0.30, 0.75]$,那么相关性一般;如果 $r \in [-0.25, 0.25]$,那么相关性较弱。

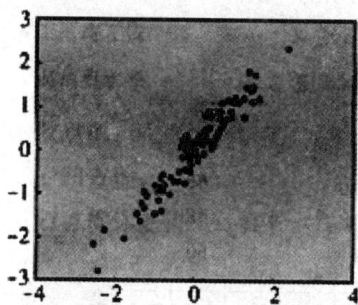

图 10 - 1　$r = 0.97$

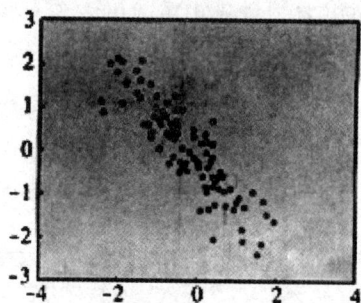

图 10 - 2　$r = -0.85$

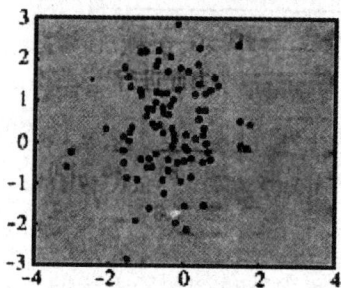

图 10 - 3　$r = 0.24$

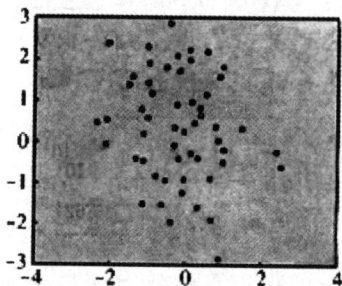

图 10 - 4　$r = -0.05$

　　图 10 - 1 中的相关系数 $r = 0.97$,这些点有明显的从左下角到右上角沿直线分布的趋势,说明用线性回归模型描述这两个变量间的关系会有很好的效果。图 10 - 2 中的相关系数 $r = -0.85$,这些点也有明显的从左上角到右下角沿直线分布的趋势,这同样说明,采用线性回归模型描述两个变量间的关系也会取得较好的效果。图 10 - 3 中的相关系数 $r = 0.24$,图中的这些点杂乱无章,看不出什么规则,此时就不能用线性回归模型描述两个变量间的关系。而图 10 - 4 中的相关系数 $r = -0.05$,两个变量间更没有什么关系,当然就更不能用线性回归模型描述这两个变量间的关系了。

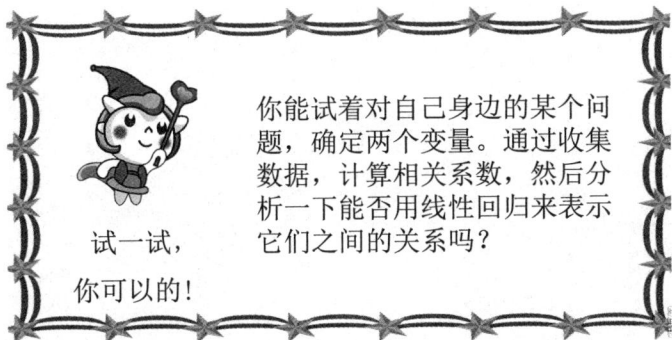

你能试着对自己身边的某个问题，确定两个变量。通过收集数据，计算相关系数，然后分析一下能否用线性回归来表示它们之间的关系吗？

试一试，

你可以的！

　　当然，在实际生活中，线性回归只是其中最基础的情形。毕竟有很多变量呈现出的不是线性关系。聪明的统计学家、数学家们也想到了好的办法来解决这些非线性的关系问题。有兴趣的你当然也可以阅读一些相关的资料，来了解一下非线性模型与线性模型的不同之处。

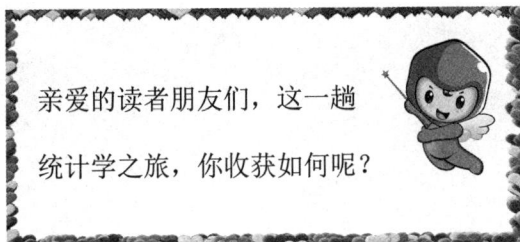

亲爱的读者朋友们，这一趟

统计学之旅，你收获如何呢？

数据分析的基石——统计

# 参考文献

[1]莫曰达.中国古代统计思想史［M］.北京:中国统计出版社,2004.

[2]孙荣恒.概率统计拾遗［M］.北京:科学出版社,2012.

[3]全国统计科研计划项目领导小组办公室.统计新视点［M］.北京:中国统计出版社,2003.

[4]曾五一,肖红叶.统计学导论[M].北京:科学出版社,2007.

[5]人民教育出版社课程教材研究所,中学数学课程教材研究开发中心.普通高中数学课程标准实验教科书数学(A版)[M].北京:人民教育出版社,2007.

[6]格里菲思.深入浅出统计学［M］.李芳,译.北京:电子工业出版社2012.

[7]拉里·戈尼克,沃克特·史密斯.漫画玩转统计学［M］.袁航,译.北京:中国人口出版社,2010.

[8]约翰·塔巴克.概率论和统计学——不确定的科学［M］.杨静,译,胡作玄校.北京:商务印书馆,2008.

[9]尼尔·J·萨尔金德.爱上统计学［M］.史玲玲,译.重庆:重庆大学出版社,2008.

[10]穆尔.统计学的世界［M］.郑惟厚,译.北京:中信出版社,2003.

[11]达莱尔·哈夫.统计数字会撒谎［M］.廖颖林,译.北京:中国城市出版社,2009.

[12]伍夫森.人人都来掷骰子:日常生活中的概率与统计［M］.王继延,译.上海:上海科技教育出版社,2010.

[13]郑玩相.费希尔讲的统计的故事［M］.吴荣华,池贞丽,译.昆明:云南教育出版社,2012.

[14]高桥信.漫画统计学［M］.陈刚,译.北京:科学出版社,2009.

[15]高桥信.漫画统计学之回归分析［M］.张仲桓,译.北京:科学出版社,2009.

[16]龚鉴尧.世界统计名人传记［M］.北京:中国统计出版社,2000.

**图书在版编目（CIP）数据**

数据分析的基石——统计／赵慧编著.—贵阳:贵

州人民出版社，2013.9（2021.3 重印）

ISBN 978 - 7 - 221 - 11362 - 7

Ⅰ.①数… Ⅱ.①赵… Ⅲ.①统计学 Ⅳ.①C8

中国版本图书馆 CIP 数据核字（2013）第 201392 号

# 数据分析的基石——统计

### 赵 慧 编著

| | |
|---|---|
| **出版发行** | 贵州出版集团　贵州人民出版社 |
| **地　　址** | 贵阳市中华北路 289 号 |
| **责任编辑** | 徐　一 |
| **封面设计** | 连伟娟 |
| **印　　刷** | 三河市腾飞印务有限公司 |
| **规　　格** | 850mm×1168mm　1/16 |
| **字　　数** | 100 千字 |
| **印　　张** | 8.5 |
| **版　　次** | 2014 年 7 月第 1 版 |
| **印　　次** | 2021 年 3 月第 2 次印刷 |

书　号：ISBN 978 - 7 - 221 - 11362 - 7　定价:22.00 元

# "快乐阅读"书系首批书目

## 语文知识类

秒杀错别字

点到为止
　　——标点符号的正确使用

当心错读误义
　　——速记多音字

错词清道夫

巧学妙用汉语虚词

别乱点鸳鸯谱
　　——汉语关联词的准确搭配

似是而非惹的祸
　　——常见语病治疗

难乎？不难！
　　——古汉语与现代汉语句法比较

## 作文知识类

议论文三步上篮

说明文一传到位

快速格式化
　　——常见文体范例

## 数学知识类

情报保护神——密码

来自航海的启发——球面几何

骰子掷出的学问——概率

数据分析的基石——统计

## 文学导步类

中国诗歌入门寻味

中国戏剧入门寻味

中国小说入门寻味

中国散文入门寻味

中国民间文学入门寻味

## 文学欣赏类

中国历代诗歌精品秀

中国历代词、曲精品秀

中国历代散文精品秀

## 语言文化类

趣数汉语"万能"动词

## 个人修养类

中国名著甲乙丙

世界名著 ABC